岩 波 文 庫

33-621-2

君主の統治について

——謹んでキプロス王に捧げる——

トマス・アクィナス著
柴田平三郎訳

岩 波 書 店

Thomae Aquinatis

DE REGIMINE PRINCIPUM, AD REGEM CYPRI

ca. 1267

目　次

〔第二巻〕

凡　例

一、本書はトマス・アクィナス著『君主の統治について――謹んでキプロス王に捧げる』(*De Regimine Principum, Ad Regem Cypri*)の全訳である。底本には、P. Mandonnet, *S. Thomae Aquinatis, Opuscula omnia*, vol. I, Paris, 1927, pp. 312-487を用いた(なお、この版では題名は*De Regno, Ad Regem Cypri*となっている。題名の問題については後出の「訳者解説」を参照されたい)。翻訳にあたっては、主に*St. Thomas Aquinas On Kingship to the King of Cyprus*, done into English by Gerald B. Phelan and revised with introduction and notes by I. Th. Eschmann, O.P., The Pontifical Institute of Mediaeval Studies, Toronto, Canada, 1967 (f. p. 1949)を参照したが、併せてJ. G. Dawsonによるラテン語―英語対訳(in A. P. D'Entreves, *Aquinas, Selected Political Writings*, Basil Blackwell, Oxford, 1970)と*On the Government of Rulers De Regimine Principum*, Ptolemy of Lucca, with portions attributed to Thomas Aquinas, translated by James M. Blythe, University of Pennsylvania Press, 1997を大い

に参照した。

一、本文中に［1］、［2］、［3］のかたちで示した段落の区切り方はMandonnetによるラテン語原典にはなく、上記Phelan版の区切りにしたがったものである。ただし最後尾［149］—［150］に関しては、Phelan版はこの部分を訳出しておらず、訳者の判断でおこなった（より正確にいえば、Phelan版では、次の一節——“opportunum est igitur in conversatione humana modicum delectationis, quasi pro condimento habere, ut animus hominum recreetur”：ただし、人間の共同生活において精神を刷新させるためのいわば薬味のようなものとして、適当な量の快楽を得ることは必要である。——までを［148］に含めているが、ラテン語原典においてはこの一節から改行されていることと、前後の意味関係から判断してこの一節から［149］とした。さらに、［150］の部分はラテン語原典では［149］から改行なしで続いている文章であるが、これも文脈を考慮して段落を付けることとした）。

一、本文の各章に付けられた小見出しは、すべてラテン語原典からのもので、Phelan版の意訳文ではない。

一、「訳注」に関しては、基本的にPhelan版に付けられた「注」に基づくが、聖書からの引用や各研究書の参照、あるいは他原典テクストとの異同の指摘など貴重ではあるが、専門家以外には少々煩雑と思われるので、いくつかの例外を除き、原則的にはこれらを割愛し、聖書からの引用は Mandonnet 版原典にしたがって訳文中に組み入れることにした。また、若干の箇所において固有名詞が Phelan 版ではラテン語原典と異なる場合があるが、その場合にはラテン語原典にしたがった。

一、本文中の聖書の引用は、基本的に新共同訳（日本聖書協会、一九八七年）を使用した。ただし、ほかの邦訳文献同様、文字遣いは本書のそれに合わせた。なお Phelan 版の「注」および Mandonnet 版原典テクスト中の聖書の引用箇所はときに現代の聖書のそれと対応しない場合があり、また誤植と思われる場合もあるが、それらの場合には原則として原典テクストを尊重し、それを訳出した。そのほかの訳文で、邦訳文献表記のないものは、訳者によるものである。

一、訳語に関してとくにキーワードとなる用語についてだけアト・ランダムにいえば、rex（王・統治者・支配者）、regimen（統治・支配）、regnum（国家・王国・王制）、dominium（支配・統治）、res publica（国・共和国）、civitas（都市・国家・国）、gubernatio（統宰・統治・支配・指導・舵取り）、gubernator（水先案内人・導き手・統治者・支配者）、princeps（君主・統治者・支配者）、multitudo（多数者・集団・民衆）、populus（人民・民衆）、provincia（領国）、subditus（臣民）、bonum（善・福祉）などというふうに、それぞれの文脈に応じてかなり自由に訳した。

君主の統治について——謹んでキプロス王に捧げる

献　辞

［1］陛下の王としての高位に相応《ふさわ》しいだけでなく、小生の職分と職務にも似つかわしい捧げ物として、何を陛下に献呈すべきかと思い巡らしておりましたところ、(1)王のために王制に関する一巻の書物を著すのが最適であると確信するに至りました。その書物で小生と致しましては、なしうる限り、聖書の権威と哲学者たちの教え、さらには卓越した君主たち(2)の偉業に範をとりまして、王制の起源と王の職務に属する事柄について、細心の注意を払いつつ愚説を展開する所存であります。この仕事の着手、進展および成就のために王のなかの王、主のなかの主、王の支配の拠りどころ、大いなる主である神、すべての神々の上におられる大いなる王のご加護によりながら(3)。

〔第一巻〕

第一章　生活を共にする人びとは誰か王によって慎重に統治されるのが必要であること。

［2］我らの最初の企ては、王という名称でいかなることが理解されるべきかを解説することでなければならない。

［3］ある一つの目的へと秩序づけられていて、それへの道筋があれこれと存在するような場合においては、すべからくある導き手が必要とされるべきであり、その導きに沿えば、真っすぐに目的へと到達することができる。例えば、風の吹くままに、いろいろな方向に進んで行く船はもしも水先案内人の業《わざ》によって港へと誘導されないのであれば、予定の目的地へと到着することは叶わないであろう。さて、人間にはその人の全生活と全行動とがそこへと秩序づけられているような一つの目的があるものである。というのも、人間というものは認識能力によって行動するが、目的に向かって行動することは明

らかにその人の本性なのである。人間にはまた意図した目的へと向かう道が、かれらの関心事や行動の多様さの示すように、さまざまにあるものである。したがって、人間は自分を目的へと導く何らかの導き手を必要としているのである。

［4］ところで、人間一人ひとりには理性の光が自然本性的に賦与されており、かれのさまざまな行為は、その光に照らされて目的へと導かれる。したがって、もし単独で生活することが、多くの動物の生態と同じように、人間に好都合であったならば、自分を目的へと導いてくれる誰か導き手を必要とすることはなく、神から授けられた理性の光によって自分の行為を導いていく限りにおいて、おのおのの人間は、最高の王である神の下に、自分自身が王ということであったであろう。しかし、人間は、他のすべての動物にもまして(1)、自然本性上、集団のなかで生活する社会的および政治的動物(2)であることは明らかである。

［5］このことは、明らかに自然本性的な必然性が示すところである(3)。というのは、他の動物たちに対しては、自然は、食物、体を保護する毛皮、歯・角・鉤爪などの防衛手段、あるいは、少なくとも逃走のための足の速さなどを準備してやっている。これに反して、人間はこうしたことのために自然によるいかなる配慮も授かってはいない。その

代わりに理性が与えられているので、人間はその理性によって、手を働かせ、それらのものすべてを自分のために確保することができるようになっている(4)。だが、そうしたもののすべてを人間は一人では調達することができない。というのも、人間は一人だけでは十分に生活を営んでいくことができないからである。だから、人間は多人数の社会のなかで生きていくのが自然本性に適っているのである。

[6] さらに、他の動物たちには、ちょうど羊が本能的に狼を敵と見分けることができるように、自分たちにとって何が有益で、何が有害かがすべてわかる自然の能力が備わっている。またある動物たちは本能によってある草が薬草であり、他のものが生活に必要なものであることがわかっている。これに反して、人間のほうはといえば、自分たちの生活に必要なものについての自然本性的な認識をごく一般的な仕方でもっているだけで、いわば自然的な原理から推し測って人間生活に必要な、個別的なものを知るにいたるのである。しかしながら、一人の人間が自分の理性だけでこれらすべての物事を知ることは到底できない。そこで人間は集団のなかで生活することが必要になるのであって、そうしたなかで各人は互いに他の者の助けを受け合い、それぞれ理性を働かせてある人は医学を、他の人は何か別のものを、というふうに異なった仕事を見つけだして、それ

に従事するのである。

[7] このことはさらに、言語を使用するということが人間だけに許された特権であるという事実によって最も明白に示されている。まさに言語によって一人の人間は他者に対して自分の考えていることを十分に伝えることができる。なるほど、他の動物たちも互いに自分たちの感情を一般的な仕方で表現はするだろう。例えば、犬は吠えることによって怒りを表し、他の動物たちはさまざまなやり方で自分の感情を表現するように。しかし、人間は、鶴、蟻あるいは蜂のような、他のどんな群居動物よりも十分に、仲間と意思伝達をおこなうものである(5)。この点を念頭に入れて、ソロモンはこう語っている。「一人よりも二人が良い。共に労苦すれば、その報いは良い」(「コヘレトの言葉」四：九)。

[8] それゆえ、もし集団の社会のなかで生活することが人間にとって自然的なことであるのならば、人間たちの間に、かれら集団を統治する何らかの手段が存在するのが当然のことになる。というのも多くの人間たちが共にいて、そのおのおのが自分たちの利益だけを求めるようなところでは、もし集団の共通善に属することについて配慮する者が存在しなかったとしたら、その集団は壊れ、バラバラになってしまうだろうからである。それはちょうど人間であれ何か他の動物であれ、その肉体が、肉体のすべての部分

の共通善に配慮する何らかの共同の支配力がなかったとするならば、活動できなくなってしまうのと同じことである。こういうことを頭に置きつつ、ソロモンは語っている。「指導しなければ民は滅びる」(『箴言』一一:一四)。

[9] 実際、こういうことが起こるのは当然の話である。というのも個人的なものと共同のものとは一致しないからである(6)。およそ物事は各個人に固有のものの場合には一致せず、一致をみる場合は共同のものなのである。しかし結果の多様性は原因の多様性から来るものである。したがって各個人の私的善となるもののほかに、多数者の共通善へと促す何ものかが存在しなければならない。一つの目的へと定められているすべてのものにおいて、残りのものを支配する何か一つのものが見いだされるのはこのためである(7)。こういうわけで、物体的宇宙においては、神意の秩序が存在しており、そのもとですべての物体が第一の物体、すなわち天体によって動かされている。同様に、すべての物体は理性的被造物によって支配されている(8)。人間においても肉体を支配するのは精神であり、精神の各部分のうちでも理性が感情や欲望を支配している(9)。同様に、肉体の各部分の間でも、心とか頭とかいうように(10)、すべての部分を動かす原理は一つである。それゆえあらゆる集団において、何らかの支配力が存在しなければならない。

［10］こうして、ある目的へと定められた若干の事柄においては、その指導が正しかったり、間違っていたりすることがある。そこでまた、民衆の支配の場合も、正しい支配と不正な支配とが存在するのである。(11) 正しく支配される場合には、当を得た目的へと導かれているのに対して、正しからざる支配の場合には、不適当な目的へと導かれているのである。そこで、自由人の集団に適う目的は奴隷の集団に適う目的とは異なっている。なぜなら自由人は自分自身のために存在する者であるが、奴隷は他者のために存在する者だからである。(12) それゆえ、もし自由人の集団が支配者によって集団の共通善に向かって統制されるならば、その支配は正しく、自由人に相応しいものであろう。これに対して、もし支配が集団の共通善にではなく、支配者の私的な善に向かうものであるならば、それは不正な、逸脱したものであろう。それゆえ、主はそうした支配者を脅して、エゼキエルの口を借りてこう言われたのである。「災いだ、自分自身を養うイスラエルの牧者たち（すなわち、自分の利益だけを求める者たち）は。牧者は群れを養うべきではないか」（「エゼキエル書」三四：二）。実際、牧者は群れの善のために世話しなければならないのであり、支配者は彼に服従する集団の善のために支配するのである。

［11］もし不正な支配が、自身の下にある民衆の善ではなく、自己自身の利益のみを、

支配を通じて追求するような類いの、たった一人の人間によってなされるならば、このような支配者は僭主と呼ばれる。(13) この名称は「力強さ(14)」に由来するが、それというのも、かれは正義によって支配するのではなく、力によって抑圧するからである。ここからして、古代人の間では、力の強い者は誰でも「僭主」と呼ばれていた。これに対して、もし不正な支配が、一人によってではなく、数名の人間たちによってなされる場合には、その支配は寡頭制、すなわち少数者の支配と呼ばれる。これはただ複数であるという点で僭主とは異なるだけの少数者が、富によって人民を抑圧するときに成立するものである。ところが、邪悪な支配が多数の者によってなされる場合には、民主制、つまり人民の支配と呼ばれるが、それは、一般民衆が集団の力によって富者を圧迫するときに成立するものである。この場合には、人民全体がいわば一人の僭主のようになるであろう。

[12] ところで、正しい支配もこれと同様の仕方で区別しなければならない。もし支配が多数の者によってなされるならば、それはポリティア(政体)というすべての支配形態に共通の名称でもって呼ばれる。これは、例えば多数の戦士がある都市あるいは領国を支配する場合に成立する。(15) これに対して、支配が少数の有徳な人びとによってなされるならば、この種の支配は貴族制、すなわち最善の支配ないし最善の人びとによる支配と

呼ばれ、ここから、これらの人びとは貴族といわれるのである。(16)他方、正しい支配がただ一人の人間の手に属するならば、その者は厳密な意味で王と呼ばれる。ここから、主は預言者エゼキエルを通じてこう語られたのである。「私の僕ダビデはかれらの王となり、一人の牧者がかれらすべての者の牧者となる」(「エゼキエル書」三七：二四)。

［13］以上によって、王という観念が意味するのは、王がただ一人の首長であり、そして自らの利益ではなく、民衆の共通善を追求する牧者であるということが明らかにされた。

［14］ところで、人間は一人でいては生活に必要なものを充足することができないので、集団のうちで生活することが人間に相応しいのであるから、集団社会が生活に必要なものを調達するに際して、より自足的であるのに応じて、より完全である、ということになる。(17)なるほど一つの家族においても、栄養補給とか出産・子育て、そしてその他の同じような事柄に関する自然的活動に関して、ある程度の生活の自足性はみいだされる。また、一つの職業・仕事に関する事柄に関していえば、一つの町(18)においても自足性がみいだされる。しかし、完全な共同体である都市においてこそ、生活に必要なすべてのものに関して自足性がみいだされる。そして、それ以上の自足性が、敵に対する共同の戦

いと相互協力の必要性のために、一つの領国[19]においてみいだされる。ここから、完全な共同体、すなわち都市もしくは領国を統治するところの者が誰であれ、その者は換称的に[20]「王」と呼ばれる。これに対して、家を支配する者は王ではなく、家長と呼ばれる。しかし、この家長はどこかしら王と似た点[21]もあり、それゆえ人民の王たちも、ときに父と呼ばれるのである。

［15］上述したところから、王とは、一つの都市もしくは領国の民衆を共通善のために支配する者であることが明白である。ここからソロモンは、「コヘレトの言葉」〔五：八〕で「王はかれのもとにある全地に対して命令する」と語っている。

第二章　生活を共にする人びとにとっては、一人の人間によって統治されるほうが、複数の人間によって統治されるよりも、より有益であること。

［16］以上の序論的考察に続いて、領国あるいは都市にとって、複数の人間によって統治されるのと、一人の人間によるのと、どちらが有益であるかを探求しなければならな

い。

[17] この問題は、統治の目的そのものから考察することができる。というのは、いかなる統治者といえども、自分が統治を引き受けた人びとのための福祉の確保を目標としなければならないからである。例えていえば、舵手の業務が、海の危険から船を守り、船を安全な港へと導くことであるように。しかし、社会を形成する民衆にとっての善ならびに福祉とは、かれらの統一の保全であり、これが平和と呼ばれるものである。もしもこの平和が失われると、社会生活の効用は消滅することになる。そして、相反目した民衆は、われと我が身がむしろ重荷となる。それゆえ、平和的統一を確保することが(1)、民衆の支配者にとってなにより重要な目標でなければならない。支配者は、自分に従属する民衆のうちに平和を実現しようか、しまいかと思い巡らすのは正しくないのであって、それはちょうど医者が自分に託された病人を治そうか、治すまいかと思案するのが正しくないのと同様である(2)。誰でも、第一に思い巡らすべきは自から追求すべき目的についてではなく、その目的のための手立てについてなのである。このために使徒パウロは、「エフェソの信徒への手紙」(四：三)で、忠実な民の一致を誉めて、こう述べているのである。「平和の絆で結ばれて、霊による一致を保つように努めなさい」。そういうわ

けで、統治が平和的統一を保つのにより有効であればあるほど、その統治は有益である。というのも、目的へとよりよく導くところのものを、われわれは、より有益と呼ぶからである。いまや、複数のものよりも、自ら一つであるものが、統一をより有効に実現しうることは明白である。(3) それはちょうど、それ自体熱いものが加熱の最も有効な原因であるのと同じようなことである。したがって、一人の人間による統治が、複数の人間たちによる統治よりも、より有益である。

[18] さらに、複数の人間たちは、もしまったく相反目していたならば、民衆を保全することはけっしてできないであろう。というのは、とにもかくにも統治することが可能であるためには、複数の人間たちのうちに、なんらかの一致がなければならないからである。それは例えば、なんらかの仕方で一致しているのでなかったら、一艘の船を多くの人間たちが一つの方向へと引き寄せることができないのと同じことである。ところで、複数の人間たちは、かれらが一体であることへと近づく限りにおいて統一されるといわれる。それゆえに、一つのものへと近づいていく限りでの複数の人間たちよりも、一人の人間が統一することのほうが優っているのである。(4)

[19] さらに、自然本性に適っているもののほうが最善の状態にある。というのも、自

然はあらゆる場合に最善の働きをなすからである。ところで、すべての自然的統治は一者によって司られている。(5) 例えば、身体の諸部分の間にあって、一つのもの、すなわち心臓がすべてを働かしているように。また、霊魂の諸部分の間にあっても、一つの力、すなわち理性が主として支配しているように。また、蜂の間にあっても、単一の王が存在し、(6) 全宇宙においては、万物の創造主にして支配者である唯一の神が存在するように、である。そして、このことは条理に適っている。というのは、すべての集団は一者から派生しているからである。したがって、人為に基づくものが自然によるものを模倣し、(7) そして、人為の業が自然的なものに類似するのに応じて、より善いものになるとすれば、人間の集団の場合も、一人の人間によって統治されるのが最善であることになる。

[20] このことはまた、経験に照らしても明白である。というのは、一人の人間によって統治されていない領国あるいは都市は、分裂に悩まされ、平和を知らずに混乱するのが常だからである。それゆえ、主が預言者エレミヤを通じて述べられた不満は、まさしく成就されているように思われる。すなわち、「多くの牧者が、私のぶどう畑を滅ぼした」(「エレミヤ書」一二：一〇)。これに反して、一人の王のもとで統治される領国や都市は、平和を享受し、正義のうちに栄え、繁栄を謳歌する。それだから、主は、預言者た

ちを通じて、大きな報いとして、次のように約束されたのである。すなわち、主はかれらの上に一人の頭を置き、そしてかれらの間に一人の君主が立つであろう、と。(8)

第三章　一人の支配が正しいがゆえに、最善であるように、その反対は最悪であること、そのことは多くの理由および論拠によって証明される。

[21]　一人の王による支配が最善であるように、一人の僭主による支配は最悪である。(1)

[22]　ところで、ポリティア(政体)と対立するのは民主制である。いずれも、上述したところから明らかなように、(2)多数の人びとによってなされる支配だからである。同様に貴族制は寡頭制と対立する。いずれも、少数者による支配だからである。これに反して、王制は僭主制と対立する。いずれも、一人の人間による支配だからである。さて、既に明らかにされたように、(3)王制が最善の支配形態である。そこで、もし最善のものが最悪のものと対立するのならば、当然のことに僭主制は最悪の支配ということになる。(4)

[23]　加うるに、統一された力は、分散されたり分割された力よりも、結果を得るに、

より有効である。というのも、多数の人びとが一つに結合すれば、単独で個別に自己の役割を果たすだけの一人ひとりの人間では到底動かせない重荷を一気に引き寄せることができるからである。それゆえ、善に向かって働く力がもっと有効に善をなすためには、より強い結合が望まれるのと同じように、悪を働く力は分裂しているときよりも一つになっているときのほうが、いっそう有害である。いまや、不正に支配する一人の人間の力は、かれが民衆の共通善を顧みずに、自分だけの利益を求めるがゆえに、民衆に損害を与えるものである。したがって、これと同じ理由から、正しい支配においては、支配の力が一つであるに応じて、いっそう有益である。つまり、王制は貴族制よりも、貴族制はポリティア(政体)よりも優っているということになる。これと反対なことが、不正な支配にも当てはまる。すなわち、そこでは支配の力はより単一のものであるに応じて、いっそう有害である。したがって、僭主制は寡頭制よりもより有害であり、寡頭制は民主制よりもより有害である。

[24] さらには、支配は、支配者が共通善に一顧だにせず、自分の私的な善のみを求めるという事実によって不正となる。そこから、支配者が共通善から遠ざかれば遠ざかるほど、その支配はますます不正なものになるであろう。しかし、多数者の利益が求めら

れる民主制においてよりも、少数者の利益が追求される寡頭制においてのほうが、共通善からいっそう遠ざかるものである。そして、たった一人の人間の利益が追求される僭主制においては、なおいっそう共通善から遠ざかることはなはだしい。というのも、より多数はより少数よりも、一般普遍性に近いからである。かくして、僭主の支配は最も不正である。

〔25〕同様な結論は、万物を最善の方法で配置する、神の摂理の秩序を考察する人びとにとっても明白である。というのも、あらゆる事物において善性は一つの完全なる原因から、すなわち善き結果を生み出すに相応しい諸条件の統合から生じるのに対して、悪性は個々の部分的な欠陥から生じるからである(5)。肉体の美しさは、肉体のすべての部分が相互に調和を保たれて配置されていなければありえないが、しかし、醜さのほうはそのいずれか一つの部分がうまく配置されないだけで生じるものである。そういうわけで、醜さは多くの原因からさまざまな仕方で、美しさは唯一の完全なる原因から、おのおの生じるのである。そして、このことは善悪が示されるあらゆる場合に、生じることでもある。一つの原因から発生する善がより強く、これに対しさまざまな原因から発生する悪がより弱いというのは神の摂理のなせる業なのである。それゆえ、正しい支配がたっ

た一人の人間によってなされ、しかもより強固であるのは望ましいことである。しかし、そうした支配が不正に陥る場合には、それは多数者によってなされ、したがって内部的な不和から弱体化するのがより望ましい。それゆえ、不正な支配のなかで最も耐えやすいのは民主制であり、最悪なのは僭主制である。

〔26〕同じことはまた、もし人が僭主に発する諸悪について考察するならば、明らかである。僭主は共通善を軽んじ、自分の私的善を求めるために、何らかの利益を得ようとして感情の赴くままに、人民をさまざまな仕方で苦しめる結果となる。欲情に囚われている人間は人民の財産を掠めるのである。それゆえ、ソロモンは言う。「王が正しい裁きによって国を安定させても、貢ぎ物を取り立てる者がこれを滅ぼす」(「箴言」二九：四)。もしまた僭主が怒りの感情に支配されるならば、ささいなことで血を流す。それゆえ、「エゼキエル書」(二二：二七)でこう言われる。「高官たちは都のなかで獲物を引き裂く狼のようだ。かれらは不正の利を得るために、血を流し、人々を殺す」。したがって、賢人たちはこのような支配を避けるようにと、忠告している。いわく「殺す力をもった人間から遠ざかれ」(「コヘレトの言葉」九：一八)と。僭主は正義のためにではなく、気まぐれのために、力に頼って人を殺すのである。それゆえ、そこには何らの安寧もなく、す

べてが不安定である。法というものがまったく存在しないからである。他人の気まぐれに、とはいわないまでも、意思に依存しているものには信頼に足るものも何らありえない。僭主はまた人民を肉体において苦しめるだけでなく、精神的善においても脅かすのである。というのも人民の利益に資することよりも、かれらを苦しめることをより多く欲する者たちは人民の進歩を妨害し、そうした進歩が自分たちの邪悪な支配を脅かすものと邪推するからである。僭主は悪人よりも善人に対して猜疑心を抱き、見馴れぬ徳を恐れるのを常とするのである(6)。

[27] そこで、上述の(7)僭主たちは、不正な支配に安住するのをやめるために人民が有徳になり、高い精神性を身につけようとするのを妨害しようとする。また、かれらは人民が友愛の絆で結ばれ、人民の間に平和の恩恵が授けられるのを阻止しようとする。人民相互の間に信頼が確立していなければ、自分たちの支配に抗うことなど思いもしないことになるからである。それゆえ僭主たちは人民の間に不和の種を蒔き、不和が生じれば、それを育てるようにする。そして結婚の祝宴や会食など、人びとの間に親交や信頼の関係を生じさせるところの社交や協調を禁じるのである。かれらはまた人びとが力をもち、富裕になるのを妨害しようとするものである。というのもかれらは人びとが自分たちと

同じように邪悪であると邪推し、人びとが力と富を使用するのに慣れると、自分たちにとって有害となるのを恐れるからである。(8) それゆえ、「ヨブ記」〔一五：二一〕では僭主についてこういわれている。「その耳には恐ろしい騒音が響く。平安のさなかに（すなわち、何人もかれに害を加えようとしないのに）略奪者がかれを襲うのだ」。

[28] こういうわけで人民を徳へと導くべき支配者は(9)卑劣にも人民の徳を妬み、あらゆる手段を使ってそれを阻止しようとするので、僭主の下にはごくわずかの有徳者しか見いだされないことになるであろう。というのも哲学者〔アリストテレス〕が述べているように、勇気ある人びとが崇められるところに、勇気ある人びとが見いだされるからである。(10) そしてトゥリウス〔キケロ〕もいうように、(11)「すべての人びとに軽蔑される者たちは凋落し、繁栄すること少ない」のである。恐怖の下にある人びとが卑屈になり、困難な、男らしい仕事に立ち向かうのを恐れるようになるのは自然なことである。このことは長く僭主の支配下にあった諸州において経験上、明らかである。そこで、使徒〔パウロ〕は「コロサイの信徒への手紙」〔三：二一〕でこういっている。「父親たち、子供をいらだたせてはならない。いじけるといけないからです」。

[29] こうして、僭主制の弊害を考慮して、ソロモン王はいっている。「神に逆らう者が

興ると人は身を隠す」〔「箴言」二八：一二〕。確かに、僭主の不正のために、人民は徳の完成を欠くことになるからである。そしてまた、ソロモン王はいう。「神に逆らう人が支配すると民は嘆く」〔同二九：二〕。さらにまた、「神に逆らう者が興ると人は身を隠す」〔同二八：二八〕、と。僭主の残虐さを避けるためである。このことはなんら怪しむに足らない。というのも、もし人が理性によらずして、感情の赴くままに支配するならば、獣となんら変わることがないからである。そこで、ソロモンはこうもいう。「ライオンがうなり、熊が襲いかかる。神に逆らう者が弱い民を支配する」〔同二八：一五〕。それゆえ、人びとは恐ろしい獣から逃れるように、僭主から逃れる。僭主に服従するのは、獰猛な獣の前に身を投げ出すようなものである。

第四章　ローマ人の間で支配権はいかに変遷したか、またかれらの間ではむしろ多数者支配の国家がしばしば発達したということ。

［30］君主制、すなわち一人の人間による支配のなかに最善のものと最悪のもの双方が

見いだされるので、僭主制の悪を経験している多くの人びとは王という尊称そのものを嫌悪すべきものと見做している。実際、王による支配を望みながら、僭主たちの残忍さの餌食になる人びとがいるかと思えば、王の尊称を口実にして不正な支配をおこなう支配者たちも少なくないのである。

[31] これらの実例は、ローマ国家の歴史に顕著である。というのもローマの人民はかれらの王、というよりはむしろ僭主の横暴に耐えがたくなって、僭主を追放し、代わりに自ら執政官やその他の政務官を置き、これらによって治められたり導かれたりするようになったからである。(1) つまり、かれらは王制を貴族制に換えたかったのであり、サルスティウス(2)のいうように、「ひとたび自由を勝ち取ると、ローマ市がいかに短時日に繁栄するにいたったか、は想像するに難しいほどである」。確かに、王の支配下に生活する人びとが共通善に関心を払うことの少ない場合がしばしばあるが、それというのもかれらは共通善にかかわる事柄を自分たち自身のこととは考えず、むしろ共通善を握っていると思われる他の者に関係するものとみなすからである。しかし、共通善が一人の人間の力の下にあるとはみない場合、かれらは共通善を他者に属するものとはみなさず、自分自身のもののように考えるのである。(3)

[32] それゆえ、経験の教えるところによれば、一年交代の、支配者によって治められる一つの都市は、時として三つか四つの都市を支配する王以上の力を発揮するように思われる。そして、一人の王によって課される僅かの苦役のほうが、市民の共同体によって課される重い責務よりもいっそう忍びがたいものである。この事実はローマ国家の発展のうちに見られる。すなわち、平民は兵役にとられ、その兵役には手当が支払われた(4)。しかし、公庫が不足し手当の支払いが困難になるに及んで、個人の財貨は公用に供せられ、元老院議員でさえ指輪とその位階の徽章であった金飾りを除いては、何一つ貴金属はもてなかったのである。

[33] しかるにその後、紛争が絶え間なく続き、ついには内乱にまで拡大すると、人民はあれほど熱望していた自由をも失い、皇帝の権力の下に堕ちたのであった。皇帝は当初、王と呼ばれるのをよしとしなかった。王という名称はローマ人民にとって忌み嫌われていたからである。皇帝たちのある者は王に相応しいやり方で共通善に配慮を示した。その努力の結果、ローマ国家は発展し、よくその地位を保った。しかし、皇帝たちの多くは人民に対して僭主である一方、敵に向かっては無為無力であったために、ローマ国家を滅亡の淵に沈めたのであった(5)。

[34] 同様の事態は、ヘブライ人たちのうちにも起こっている。最初、かれらは士師の下に治められていたが、やがて敵たちによって略奪を受けるようになった。誰もが自分の好き放題な生活をしていたからである(6)。そこで、かれらの祈りに応えて、神はかれらに王を与えた(7)。しかし、王たちの邪悪さのゆえに、かれらは唯一の神への礼拝から遠ざかり、ついには囚われの身となってしまったのである。

[35] こういうわけで、危険はどこからでもやってくる。僭主を恐れるあまり、王による最善の統治を逸することがあるかと思えば、そうした最善の統治を望みながら、邪悪な僭主制の下に転落することもあるのである。

第五章　多数の支配においては、一人の支配におけるよりも、しばしば僭主制的支配が生じること、したがって一人の支配のほうが優ること。

[36] ところで、危険のさし迫った二つのもののうち、どちらかを選ばねばならぬ場合、より少ない悪の生じるもののほうを選ぶべきであろう。君主制はたとえそれが僭主制に

転じることがあるとしても、そこから生じる悪は多数の貴族たちによる支配が腐敗して生じる悪に比べれば、より少ないものである。

[37] というのも、多数の支配から生じる対立はあらゆる社会集団にとって最重要な価値である平和という善を破壊するものだからである。しかし、この平和という善は僭主制によって必ずしも壊されるわけではない。というのは僭主制の下で最も影響を受けるのは個々人の利益にすぎないからである。もちろん、その僭主制が社会全体を隷属に陥れるような過度の僭主制でなければの話ではあるが。そういうわけで、これら二つのものがともに危険を孕むものとしても、一人の支配のほうが多数の支配よりも優先さるべきである。

[38] また、重大な危険が頻繁に起こるような類いのものは極力これを避けるべきであるように思われる。多数者にとっての最大の危険は一人の支配の下でよりも、多数の支配の下で、より頻繁に生じるものである。というのも一人の支配の下でよりも、多数の支配の下でのほうが、人が共通善への配慮から遠ざかることが多いからである。そして数名の支配者たちのなかの或る者が共通善への配慮から遠ざかる場合、その者は配下の集団を対立の危険に晒すことになる。支配者たちの間の確執は集団の対立を生じさせる

ものだからである。これに対して、一人の人間が支配する場合には、その人間は共通善に大いに注意を向けるものである。そしてたとえかれがそうした共通善への配慮を欠くとしても、そのことが直ちに、かれが民衆を抑圧し、上述のごとく悪しき支配の最悪の形態である絶対的な僭主制になるというわけでもない。したがって、多数の支配から生じる危険は一人の支配から生じる危険よりももっと避けねばならないのである。(1)

[39] さらには、一人の支配よりも多数の支配のほうが僭主制に転落する可能性が稀であるどころか、むしろ頻繁である。というのも多数の支配の下で一度対立が生じると、人はしばしば他の人間たちに抜きん出ようとし、ひとり民衆の支配を恣《ほしいまま》にしようとするからである。このことはかつて実際に起こった事柄からしてはっきりと見てとれるところである。すなわち、ローマ共和国の歴史がふんだんに示しているように、ほとんどすべての多数支配は僭主制に終わっているのである。というのもローマ共和国は長い間多数の政務官によって治められていたが、その後、陰謀や対立、あげくは内乱まで引き起こし、最も残虐な僭主の手に落ちたのである。(2) 一般的にいって、人がもし過去の出来事や現在ただ今起こっている事柄をよく検討してみるならば、僭主制が栄えるのは一人の支配の下においてよりも、多数の支配の下にある土地においてであることが明らか(3)

となるであろう。

［40］　かくて、最善の支配であるところの支配がもっぱら僭主制のゆえにというだけで避けるべきものと思われるとしても、そして僭主が一人の支配からというよりも、むしろ多数の支配からもっと頻繁に生じるとしても、多数の支配の下でよりも、一人の支配の下で生活するほうがもっと好都合であるという単純な結果に導かれることになる。(4)

第六章　一人の支配が確かに最善であるとの結論。民衆はその人に対してどのような態度をとるべきか、を示す。それは僭主制に陥る機会をかれから取り除くことが必要だからである。そしてより大なる悪を避けるためにこの支配が認容されるべきであること。

［41］　それゆえ最善の支配である一人の支配が優先されるべきであるがゆえに、そして上述により明らかなように、その一人の支配が最悪の支配である僭主制へと変化することも起こりうるがゆえに、民衆が僭主の手中に陥らないような手立てが周到にとられる

べきである。

[42] それにはまずもって、僭主になることなど考えられないような人物が関係者たちによって王位に就くべく推薦されねばならない。それゆえサムエルは王の設立にさいして示された神慮を賛美しつつ、「サムエル記上」〔一三：一四〕でこう語っているのである。「主は御心に適う人を求めて、その人を御自分の民の指導者として立てられる」。次いで、王が一度即位したときには、王の支配が僭主制になるような機会がないようになされねばならない。と同時に、王の権力も容易に僭主制に転化しないように宥和されねばならない[1]。これらの事柄がいかになされるべきかは、後述において考察することにしたい。

[43] 最後に、王が僭主に堕したとするならば、その状況にいかに対処すべきかを考察しなければならない[2]。

[44] 確かに、過度の僭主制が存在しないかぎり、当面の間それを耐え忍ぶほうが、僭主に逆らったあげく、よりいっそう耐えがたい多くの危険を僭主から被る結果になるよりも、賢明である。というのも僭主に対して事を謀る人びとは大概首尾を果たせず、かえって僭主がますます凶暴になることのほうが多いからである。しかしかりに事が成功裡に終わったとしても、この事実そのものから発生してくるのは人びとの間の激しい反

目である。僭主に対して反乱を起こしている間に、あるいは僭主を打倒した後に支配のあり方をめぐって、民衆は必ず党派に分裂するものである。さらには民衆が或る人物の助けを借りて僭主を放逐することに成功したとしても、今度はその人物が権力を掌握し、僭主制を敷くようなことが起こる。自分が前任者に対してなしたことを他者から被るのではないかと恐れ、新たな臣民に対していっそう苛酷な圧迫を加えるからである。かくて僭主制においては、新しい僭主は前の僭主よりも悪いのが常である。というのも新たな僭主は前の僭主の残酷さをけっして放棄することなどないし、むしろかれの心のうちにある邪悪さからいっそうの抑圧を目論《もくろ》むものだからである。そういうわけで、ディオニュシオスの死を望まない者など一人もいなかったシュラクサイの地で、ディオニュシオスが恙《つつが》なく過ごし、自分よりも長命であるように祈っている或る老婆がいた。僭主はそのことを耳にして、何故そんなことをするのか尋ねた。すると老婆は次のように応えたというのである。「私がまだ小娘の時分、とても酷いお殿様がいらっしゃいまして、私はその方の死を願っておりました。ところがそのお殿様が本当に殺されると、もっと酷いお方がその後を継ぐことになりました。そこで私はまたその方の御世が終わるのを目にしてとても喜んだのでございます。しかし三度目にお迎えしたのはもっと酷いお殿様、つまり貴方様でございました。この分でまいりますと、貴方様がお亡くなりになりますと、もっと始末の悪いお方が跡目を継ぐことになりましょう(3)」。

[45] しかし、過度の僭主制が耐えがたいものである場合、僭主を殺害し、民衆の自由のためにわが身を死の危険に晒すのが有力な人士にとっての有徳な行為であるとする見解もなされてきた(4)。その実例は旧約聖書のなかにある。すなわち、神の民を苛酷な扱いで抑圧していたモアブの王エグロンの太腿を短剣で刺して殺害したエフドの話である。エフドはこれにより人民の審判者になった(5)。

[46] しかし、これは使徒の教えと一致するものではない。ペトロは善良で寛容な主人だけでなく、気難しい主人にも心からの畏れをもって仕えることを教えているからである。「不当な苦しみを受けることになっても、神がそうお望みだとわきまえて苦痛を耐えるなら、それは御心に適うことなのです」(「ペトロの手紙一」二：一九)。それゆえ、多くのローマ皇帝たちがキリストの信仰を暴虐にも迫害したとき、大多数の人びとは貴族も平民も信仰に殉じ、抵抗を試みることはなく、キリストのために従容として死に就いたことで讃えられたのである。このことは聖テーバイ軍団の例に明らかである(6)。それゆえに、エフドは、たとえ僭主であろうと人民の支配者を暗殺した者というよりもむしろ、

敵を殺害した者と判断されるべきである。かくてまた旧約聖書において、神の礼拝から遠ざかっていたユダの王ヨアシュを倒した人びとも殺害されるにいたったが、かれらの子どもたちは法の掟にしたがって命永らえたことが記されているのである(7)。

[47] いまかりに誰かが私的な独断に基づいて支配者を、僭主であったとしても、殺害しようとすれば、そのことは民衆にとっても支配者にとっても、危険なことであろう。そうした危険に身を晒すのは善人にとってよりも、悪人にとってより一般的である。というのも正しい王の支配は僭主の支配に劣らず、悪人にとっては重荷だからである。またことにソロモンの語るように、「知恵ある王は悪人を散らす」(「箴言」二〇:二六)のである。したがって、この種の専断がもたらすのは僭主の排除という恩恵よりもむしろ、民衆にとっては、正しい王の追放という危険のほうであろう。

[48] そこで僭主の悪行に対する救済策としては、一部の人びととの専断によるものよりはむしろ、公的な権威の手に委ねるのがよろしいように思われる。

[49] まず、王を自身で選ぶのが民衆の権利に属するとしたら、王が僭主と化して王権を濫用するにいたる場合には、王は民衆によって廃位させられるか、その権力を掣肘《せいちゅう》させられるかするのは当然のことである。またその民衆がそれまで代々ずっと仕えてきた

からといって、僭主と化した支配者を排斥したとしても、その行為は不忠義だと責められるべきではない。というのは、それは支配者が民衆の統治において自己の義務を果たさなかったことによって自ら招いたことであり、その結果臣民はもはや支配者への忠誠の誓いを守る必要はないからである。かくしてローマ人たち(8)が王として迎えた傲慢なるタルクイニウスを、タルクイニウス自身およびその息子たちの僭主ぶりのゆえに追放し、その代わりにより小さな権力、つまり執政官の権力を立てたのも、こういう事情によるのである。同様にまた、(9)父親ウェスパシアヌス、兄ティトゥスという極めて中庸穏健な皇帝たちの後を継いだドミティアヌスもローマ元老院によって殺害されたが、その理由はかれが僭主と化したがゆえであり、ローマ人たちに課したかれのすべての不正は元老院布告によって公正かつ妥当にも無効として撤回されたのであった。そのドミティアヌスによってパトモス島へ流刑されていた神の愛弟子、福音書記者聖ヨハネが元老院布告によってエフェソに呼び戻されたのも同じ事情によるものである。

[50] 他方、もし民衆に対して王を備えるのが或るより高位の者の権利に属するとしたならば、僭主の悪業に対する救済策もその高位の者より期待されねばならない。かくしてアルケラオスがその父へロデに代わってユダヤの地に君臨しはじめ、父の悪業を真似

しはじめたとき、ユダヤ人たちは皇帝アウグストゥスに訴え出たのであった。そこでまず、アルケラオスの権力はいちじるしく減じられた。すなわち、王の称号が剥奪され、王国の半分はかれの二人の兄弟の間で分割された。そうしてのち、この措置がかれの僭主ぶりを掣肘するものでないことが明らかになると、かれはティベリウス帝によってガリアの一都市ルグドゥヌム〔リヨン〕に追放になったのである(10)。

[51] 僭主に対してどのような人的救助も期待できない場合には、すべてのものの王であり、艱難辛苦のときにはいつでも助け手であられる神に頼るべきである(11)。というのも僭主の残忍な心を柔和なものに変えるのは神の力においてのみだからである(12)。ソロモンの言葉にしたがえば、「王の心は、主の御手のうちにあって、主は御旨のままにその方向を定められる」〔『箴言』二一：二〕のである。神はアッシリア王がユダヤ人たちに死を課そうとしたとき、その王の残忍さを温和なものに変えさせたのである(13)。残忍な王ネブカドネツァルの心を変えさせて、神の力の告知者にさせたのも神にほかならない。すなわち、「私ネブカドネツァルは天の王を褒め讃え、崇め、讃美する。その御業はまこと、その道は正しく、驕る者を倒される」〔『ダニエル書』四：三四〕。しかしながら改心に価しないと考える僭主たちに関しては、神は「シラ書〔集会の書〕」〔一〇：一四〕において賢者

が述べているように、かれらを追放し、最も低い状態に落とした。すなわち、「主は〔驕り高ぶる〕支配者たちをその王座から降ろし、代わりに、謙遜な人をその座に就けられた」。また、エジプトにおける民の苦難を見、かれらの叫びを聴いて、かれの全軍をもって僭主ファラオを海中へと投げ込んだのも神である。(14) 上述のごとく、驕り高ぶるネブカドネツァルを王座から追放しただけでなく、かれを人間の仲間から獣の類いへと移し替えたのも神である。(15) 神の御手はその民を僭主の抑圧から解放することができないほど小さなものではない。(16) イザヤを通して(17)神は民に向かって長い間かれらが忍従してきた苦役と混乱、隷従から解放し平和を与えることを約束したのである。そして「エゼキエル書」〔三四：一〇〕を通じて、「わたしがかれらの口から群れを救い出す」といわれている。すなわち、自分たち自身を牧するかれら羊飼いから救いだすといわれるのである。

[52] しかし人民が神からこの恩恵を授かる価値があるとすれば、人民は罪を断たねばならない。なぜならば不信心者が罪に対する罰として支配権を授けられているのは神の許しに基づいているからである。(18) それゆえに主はホセアを通じて、「怒りをもって、わたしは王を与えた」〔「ホセア書」一三：一一〕といわれたのである。そしてまた、「ヨブ記」〔三四：三〇〕において、「民の罪のゆえに、神は偽善者をして支配されようとした」

と述べているのである。そういうわけで、僭主による苦難が断たれるためには、罪が取り除かれねばならないのである。

第七章　本章で聖博士は、現に王の統治において主要な動機となるのは名誉か栄光のいずれであるか、そしてさらにそれらのいずれを守るべきか、について見解を示す。

〔53〕上述に示されたように、民衆に善をもたらすことが王の義務であるが、そうした王の義務は、もしそれに相応する何らかの固有の善が伴わなければ、あまりにも重いもののように思われる。それゆえ善き王にとって相応しい報酬とは何かについて考察する必要がある。

〔54〕或る人びとによれば、この報酬は名誉と栄光以外の何ものでもないように思われている。かくてトゥリウス〔キケロ〕は『国家について』(1)のなかで「国の指導者は栄光によって養われるべきである」と語っているが、その論拠はアリストテレスが『倫理学』(2)のなかで「名誉と栄光に満たされていない君主は当然のことに僭主に成り果てる」と述

べている言葉に示されているように思われる。というのも、そもそもそれぞれ固有の善を求めるのはすべての人間の心のうちにあることだからである。それゆえ君主が名誉と栄光に満足することがないとすれば、かれは快楽と富を求め、遂には人民に対して抑圧と不正を強いるようになるであろう。

［55］しかしながら、もしわれわれがこのような見解を受け入れるとしたならば、多くの不都合な結果が生じるであろう。第一に、そのような儚《はかな》い報酬のために、かくも多くの労苦や心痛を耐え忍ばねばならないとしたら、それは王にとってあまりにも割の合わぬことであろう。というのもおよそ人事全般にあって、人の引き立てによる栄光や名誉などというものほど移ろいやすいものはないからである。それはこの世で最も変わりやすい人の意見に寄りかかっているのである。預言者イザヤが「イザヤ書」〔四〇：六〕でこのような栄光を「野の花のようなもの」と呼んだのはこのためである。

［56］さらには人間的栄光への欲求は魂の偉大さを破壊するものである。というのは人びとに気に入られようとする者は誰でも、そのいうこと、なすことすべてにおいて人びとの意思に逆らわないようにせざるをえず、そうした人気取りの結果、遂には人びとの奴隷になり果ててしまうからである。こういうわけでかのトゥリウス〔キケロ〕は『義務

について』(3)のなかで「名声への我欲は避けなければならない」と警告している。この欲望は精神の自由を破壊するものであり、精神の自由のためにこそ高い精神をもつ人びとはあらゆる努力を払わねばならない。他方、精神の気高さにもまして成就すべき善のために選ばれた君主にとって大事なものはない。それゆえ人間的栄光という報酬は王の職務にとって不適当であると結論づけざるをえないのである。

[57] と同時に、そのような報酬が君主たちのために備えられるならば、それは民衆にとっても有害である。というのもそれ以外のあらゆる現世的善と同様に、栄光をも蔑むのは善き人間の務めだからである。まことに徳が高く、堅固な精神の持ち主なら、正義のためには生命とともに栄光をも蔑むものである。栄光が有徳な行為から生じる一方で、栄光そのものは徳から蔑まれるというのはまったく不可思議なことである。実に栄光を蔑むことによって、人はますますその声望を高めるのである。ファビウスの言葉によれば、(4)「栄光を避ける者は真の栄光を見いだすであろう」。またカトーについてサルスティウスが語ったように、(5)「名声を追い求めることが少なければ少ないほど、かれは名声を得るようになる」。そしてキリストの弟子たちですら栄光を受けるときも、辱めを受けるときも、悪評を浴びるときも、好評を博するときも、自分たちが神の僕であること

を示したのである。(6) それゆえ栄光は善人にとって相応しい報酬ではない。そしてもしこの報酬がひとり君主たちにのみ備えられるものであるとしたら、善き人びとはそうした支配の職務を受け入れることはないであろうし、あるいは受け入れるとしても、無報酬でおこなうということになるであろう。

[58] さらには栄光への欲望は他のもっと危険な悪へと導くものである。多くの人間たちが戦時に功名心に駆られ、味方の軍隊を破滅へと追い込みながら、祖国の自由を敵の蹂躙に任せたのである。そこでローマの執政官トルクアトゥスの例が想起される。かれはこの種の危険を避けることがいかに重要であるかを示そうとして、わが子を殺害したのであるが、それというのもその息子は敵の挑発に乗せられて、血気に走って戦い、敵を倒したけれども、その行為は父の命令に背くものであったからである。つまり敵を殺した栄光の与える善と比べて、独断の例からもたらされる弊害のほうがはるかに重大であることをトルクアトゥスは恐れたのである。(7)

[59] さらにまた栄光欲はそれに類似したもう一つの悪徳を伴う。すなわち、偽善である。というのは真の徳を得るのは困難であり、それはごく少数の人にしか可能ではなく、その人びとだけに名誉が帰するからである。それゆえ多くの者が名誉を欲するが、かれ

らは徳の偽善者となるほかはない。サルスティウスの語るように、(8)「功名心は多くの人間をして不真実な者にさせる。かれらが胸に秘めていることと、舌でいうことは違っており、外見だけがすべてで、中身はない」。しかるに我らが救い主は人に見てもらおうとして、善行をなす者たちを偽善者、欺瞞者と呼ぶのである。(9)そこでもし君主が報酬として快楽や富を求めるとすれば、それは民衆にとって、かれが略奪者や驕慢者となる危険があるように、もし栄光が君主に報酬として与えられるとすれば、同じようにそれは君主が民衆にとって、高慢者、偽善者となる危険があるのである。

［60］上に引用した賢者たちの発言の意図はといえば、それは名誉や栄光への欲望を善き王の真の目的として挙げるということにあるのではない。そうではなく、王が財貨を欲し快楽を追い求めるよりも、栄光を求めることのほうがより我慢しうるという事実を示す点にあったのである。というのは人びとの追い求めるこの栄光は、アウグスティヌスの語るように、(10)人間が同胞についてよく考えてみる場合の審判基準であるゆえに、悪徳ではあるとしても、どこかしら徳に近いものであるからである。それゆえこの栄光欲は、少なくとも善人の賛同を求め、かれらの不満を回避させるものであるがゆえに、幾分かは徳の痕跡をもっているのである。それゆえ真の徳に達する人はもとより少数であ

るから、少なくとも人びとの審判を恐れて明白な悪事を慎む者が支配の職務に選ばれるのがまずまず穏当のところと思われる。事実、栄光を求める者[11]は人びとの賛同を勝ち取るために有徳な行為の真の道に沿って努力するか、あるいは謀略や詐術によってそうするかの、どちらかである。しかしただひたすら支配することだけを欲し、栄光のためには何一つなそうとしない者は、正しい判断を下そうとする人びとの不同意を恐れたりはせず、残忍さと放蕩ぶりにおいて獣さえをも凌駕し、公然たる犯罪行為によってかれの望むものを手に入れようと努めるのである。まことにアウグスティヌスがネロについて語っているように[12]、かれの放縦は実にはなはだしく、かれには畏るべき男らしさはなにもないと考えられたほどであり、またその残酷さは実に甚だしく、一片の優しさもないと思われた。実際、アリストテレスが『倫理学』[13]において矜持の人について述べている言葉は、これらのことを明瞭に表現するものである。すなわち、かれは名誉や栄光を求めはするが、しかしそれらを徳に対する十分なる報酬たりうるほど偉大なものとしているのではない。かれはただこれ以外の何物をも人びとに要求することはないのである。というのはあらゆる地上の善のなかで恐らくは、或る人の徳が人びとによって公に証言されることにもまして優れた善はないからである。

第八章　本章で博士は、王をして善き統治へと促す真の目的とは何か、について説き明かす。

[61]　それゆえ世俗的な名誉や人間的栄光は王の配慮に十分に報いる報酬ではない以上、いったい何が十分な報酬なのかを問う課題が残っている。

[62]　いまや王が神に報酬を頼るのは正しいことである。というのは僕《しもべ》はその務めの報酬を主人に頼るものだからである。実際王は人民を統治することによって神の僕なのである。使徒は「ローマの信徒への手紙」〔一三：一―四〕で「神に由来しない権威はない」、「かれは神に仕える者として、悪を行う者には怒りをもって報いる」と述べている。そして「知恵の書」〔六：三〕では「王は神の僕である」と記されているのである。それゆえ王はその支配に対して神に報酬を頼らねばならない。時として神は王の務めに対して現世的な報酬を与えるが、そうした報酬は善人にも悪人にも共通のものである。それゆえ主は「エゼキエル書」〔二九：一八〕においてこう述べておられるのである。「バビロンの王ネブカドネツァルはティルスに対し、軍隊を差し向けて労苦の多い戦いをおこなわ

せた。すべての戦士の頭ははげ、肩は擦りむけてしまった。しかし、王もその軍隊も、ティルスに対して費やした労苦の報酬を何も得なかった」。この労苦とは使徒によれば、(1)神の僕である人間の権力がそれによって悪事をなす者に怒りをもって報いるところのものである。そしてその報酬については「エゼキエル書」〔二九：一八〕はさらにこう続けている。「それゆえ、主なる神はこう言われる。わたしはバビロンの王ネブカドネツァルにエジプトの土地を与える。かれはその富を運び去り、戦利品を分捕り、略奪をほしいままにする。こうして、エジプトはかれの軍隊の報酬となる」。こういうわけで、たとえ神に奉仕するつもりではなく、自分の憎しみや復讐欲に駆られてのこととはいえ、不正な王が神の敵と戦うときには、その王は神によって大いなる報酬を敵に対する勝利や王国の征服、多くの分捕り品などによって与えられるとするならば、敬虔な意図をもって神の民を治め、敵を打ち倒す善き王にはいったい、どのような報酬が与えられるのであろうか。そのような王に対して神が約束されるのは地上の報酬ではなく、天上の報酬であり、しかも他の何人《なんぴと》においてでなく神ご自身においてである。ペトロは「ペトロの手紙一」〔五：二―四〕で神の民を牧する牧者たちに語っている。「あなたがたに委ねられている、神の羊の群れを牧しなさい。……そうすれば、大牧者――すなわち、王のなかの王キリスト――がお見えになるとき、あなたがたはしぼむことない栄冠を受けることになります」。そしてまた、これに関してはイザヤはこう語っている(「イザヤ書」二八・五)。「その日には、万軍の主が民の残りの者にとって、麗しい冠、輝く花輪となられる」。

[63] これは理性によってはっきりと示されるところである。というのは徳の報酬が幸福であるということは理性的に考える人の心のなかに植えつけられているからである。事実、すべてのものの徳性(2)とはその徳性の所有者を善なるものにし、その人の活動を善なるものにさせることである。しかしすべての人は正しく行動しているときは、かれが最も望んでいるものを達成しようと努めるのが常であり、それはすなわち幸福であるということである(3)。これ以外の何かを求めようとする者は誰もいないであろう。それゆえ徳の報酬は人間を幸福にさせることであると結論づけるのは正しいであろう。そして善き働きをすることが徳のある行為であり、王の職務が人民を善く支配することであるとすれば、王を幸福にさせることが王の報酬であろう。いまやこのことがいったい何を意味するかを考えねばならない(4)。幸福こそはもろもろの願望の終局目的であるとわれわれはいうことができる。しかし願望の動力は制限のないものではない。もし無制限のものだとしたら、願望とは自然なものではあっても、空虚なものということになるであろう。

無制限なものはけっして手に入れることができないからである。しかし知的な性質の願望は普遍的に善なるものであるから、そうした善のみが人を真に幸福にさせることができ、その善が達成されるならば、それ以上に望みうるようないかなる善も存在しないことになる。そういうわけで幸福はすべての望ましきものをその内部に含むがゆえに、完全な善と呼ばれるのである。(5) しかしどのような地上の善もそうした善ではありえない。富を所有する人びとはより以上の富を得ようとするし、その他のものの場合も同様である。そしてたとえそれより多くのものを望まない人びとがいるとしても、少なくともその人びとは現に所有しているものを失わないように望むであろうし、その所有物を何か他のものと交換することを望むであろう。地上の事物には永続的なものは何も見いだされないし、願望を充足させるようなものは地上には何もない。それゆえ人を幸福にさせるような地上の事物は何もないので、王に対して相応しい報酬も地上にはないのである。

[64] さらにあらゆるものの終局の完成と完全な善は或るより高次のものに依存する。というのは物体的なものはより善きものが付加されることによっていっそう善きものとなり、反対により低次のものと混ぜられれば、いっそう悪しきものとなるからである。銀は金と混ぜられれば、いっそう高価なものとなるが、鉛と混ぜられると、より不純な

ものとなるのである。しかしすべての地上的なものが人間精神の下位にあることは明らかである。そして幸福はすべての人間が等しく望むところの終局の完成であり完全な善である。それゆえ人間を幸福にさせることのできるものは地上には何一つ存在しないし、王に対して十分なる地上の報酬など何もないのである。アウグスティヌスが語っているように(6)、われわれはキリスト教徒の支配者を幸福と呼ぶが、それはかれらが長期にわたって支配者の地位にあったり、平穏に死んだのち、後に残った息子がその地位を継いだり、国家の敵を平定したり、自分に叛旗を翻す市民たちを警戒して屈服させることができたからではない。そうではなくむしろ、かれらを幸福とみなすのは、かれらが正しく統治し、人民を支配するよりも悪を懲らしめることを愛し、空しい栄光欲からではなく永遠の幸福への愛からその職務を果たすからである。このようなキリスト教徒の皇帝こそ、われわれはいまは希望において、またのちにはわれわれが期待しているところのものが成就するときには、現実に幸福であるというのである。しかし人間を幸福にし、王に対して相応しい報酬と思われるようなその他のものは存在しない。というのもどのようなものへの願望も、それのよって来る原因に立ち戻らないわけにはいかないからである。しかも人間精神の根源はそれをご自身の像に創造された神以外のなにものでもないからである。それゆえ人間の願望を鎮め、人間を幸福にし、そして王に対する相応しい報酬でありうるのはひとり神だけである。

［65］なおまた人間精神が普遍的善を認識するのは知性を通してであり、それを欲するのは意思によってである。しかし普遍的善は神以外のところには見いだされえない。それゆえ人間を幸福にし、人間の願望を満たしうるものは神をおいてほかにない。そしてその神について「詩編」〔一〇三：五〕は「善き物をもって汝の願いを満たす者」といっている。それゆえその者に、王は自分の報酬を求めねばならない。ダビデ王が「詩編」〔七四：二四〕で「我は天において何をもち、地においては何を汝から求めたか」と自問しているのはこのためである。のちにこれに応えて、ダビデ王はこう付言している。「我は神に近くあることを幸いとし、我が望みを主なる神に置く」。実際、人間と獣双方に等しく享受しうる現世の救いだけでなく、「イザヤ書」〔五一：六〕を通じて「私の救いはとこしえに続く」といわれるあの希望をも、王に授けたのは神なのである。これにより神は人間を救い、人間を天使と同位のものにしたのである。

［66］このようにして王の報酬が名誉と栄光であることが立証できた。人間を神の民であり神の家族であるようになさしめ、キリストとともに天上の王国を継がしめるかの名(7)

誉と、世俗の儚い栄光との間にいったい、どのようなつながりがあるというのか。「詩編」〔一三八：一七〕において「神よ、汝の友に誉れあまりあり」といいつつ、ダビデ王が望み、讃えたのはまさにこの名誉なのである。さらには追従者の虚偽の舌や人間たちの妄言からではなく、良心の内なる証しから迸り出て、神の教えによって確証されるところのこの名誉に、いったいどのような人間的称讃の栄光が比べられえようか。まことに神は神を信じる者に対して神の天使の前で父の栄光のうちにかれらを証しすることを約束されるのである。(8) この栄光を求める者はそれを見いだし、求めてもいない人間的栄光をも得ることになるのである。求めた叡知を主から得ただけでなく、他の王たちの上に君臨する栄光をも得たソロモンの例が示すように。(9)

第九章　本章で聖博士は、王侯君主の報酬が天上の浄福において最高の位置を占めることを説き明かし、そのことを数多くの理由と実例によって指し示す。

[67] さて王の職務を立派に、かつ称讃に値するほどに果たす者がいかにかの素晴らし

き天上の浄福を得るか、を考察することが課題として残っている。

［68］というのも、もし浄福が徳の報酬であるとするならば、より高次の浄福はより偉大な徳に負うものとなるからである。しかし人が自分自身だけでなく、他の人びとをも導くことができるためには傑出した徳を必要とする。そしてそうした徳は統治されるべき人が多ければ多いほど、ますます傑出したものとなる。(1) 肉体的力の場合、人はより多くの人びとを打倒すればするだけ、あるいは上に持ち上げる重量が重ければ重いだけ、強力な者と見做される。同様に、自分自身を支配するよりも一家を治めることのほうがより大なる徳を必要とするし、一都市や一王国を治めるのにはいっそうの徳を必要とするのである。それゆえ王の職務をうまく果たすことは卓抜な徳を必要とし、またそのことに対しては特別に高い報酬が伴われるのである。

［69］またあらゆる技能ないしは知識において他者をよく治めることのできる人びとは他者を単に力によって支配する人びとよりももっと称讃に価する。(2) というのも思索的知識においては、他者によって教えられる事柄を単に理解することよりも、他者に教授することによって真理を会得させることのほうが重要だからである。また技能においても、建築物を設計する建築士はその設計にしたがって手足を働かせる職人よりも高く評価さ

れ、より多くの報酬を支払われるものである。戦時においても、勝利の暁には兵士の勇猛さよりも将軍の賢明な戦略のほうに栄光がもたらされる。いまや集団の支配者の立場はその集団の成員たちの有徳な行為との関係においては、諸学における教師、建築における建築士、戦争における将軍と同じ関係に立っている。そういうわけで王は、臣下がかれの支配下でどんなに善く行為するとしても、臣下を善く支配するということにおいてよりいっそう多くの報酬に価するのである。

[70] なおまたもし人の行為を善たらしめることが徳のなすところであるとすれば、より大なる善の行為をなすためにはより大なる徳が必要とされるように思われる。しかし集団の善は一個人の善よりもより大でありより神聖なものである。(3) それゆえ一個人の悪といえども、もしそれが集団の善となるならば、ときには耐えられるものである。ちょうど集団に対して平和がもたらされるために、盗賊が討伐される場合のように。(4) そしてそうした悪からも、宇宙の利益と調和のために、善を引き出すことがないとすれば、神ご自身はこの世にそれらの悪が存在することを許さないであろう。(5) いまや集団の善のために熱心に取り組むことが王の職務である。それゆえ善政を施す王に対しては、善行をなす臣民に対してよりも、より多くの報酬が支払われるべきである。

［71］このことは、問題をより詳細に検討してみれば、いっそう明白になるであろう。というのも人というものは窮する者を救い、対立する人びとに平和を与え、弱者を強者の圧迫から解放するならば、つまりは他者に対してなんらかの方法で援助し助言を与えるならば、人びとから称讃され、神からも報酬に価する者と見做されるだろうからだ。そうだとすれば、全土を平和で満たし、暴力を押さえ込み、正義を維持し、法令や訓告によって人びとになすべきことを指し示す人はなおのこといっそう、人びとから称讃を受け、神から報酬を与えられるのではないだろうか。

［72］さらに王の徳の偉大さはひとり王のみが神に近似しているという事実に現れる。というのは王は神がこの世においてなし給うことを、王国においてなすからである。(6) それゆえ「出エジプト記」〔二二〕において民衆の裁判官たちは神々と呼ばれ、皇帝たちもローマ人たちの間で神と呼ばれているのである。(7) しかしものごとは神に近似すればするほど、ますます神に喜び迎えられるのである。そこで使徒も「エフェソの信徒への手紙」〔五：一〕において「あなたがたは神に愛されている子供ですから、神に倣う者となりなさい」と注意をしているのである。しかしもし賢者の言葉のように、(8) 原因はそれによって引き起こされるものとある種の類似性をもつという原理にしたがって、すべての

生き物が自己に似たるものを愛するならば、善き王は神に最も迎えられ、神から最大の報酬を与えられるということになるのである。

［73］同様に聖グレゴリウスの言葉を借用すれば、(9) 心の嵐でないならば、海上の嵐などいったい何だというのか。海が穏やかならば、未経験者であろうとも、船を正しく導くことができる。しかし海が荒波に狂っているときには、熟練の船乗りでさえ呆然自失するのである。それゆえ統治の場合にも平穏無事な時ならば維持できる確かな仕事ぶりを失うことにもなる。アウグスティヌスの言うように、(10) 恭しく尊敬するがごとき人びとのへつらいの言葉と卑屈なほど崇め奉る人びとの従順のただなかにいて、思いあがらず、自分がただの人間にすぎないということを忘れないでいるのは非常に難しい。「シラ書〔集会の書〕」〔三一：八／一〇〕には「清廉潔白な金持ちは幸いである。黄金を追いかけなかったから。／法を犯しえたのに犯さず、悪事をおこないえたのに、おこなわなかった人は誰か」とある。これはまさに有徳な行為の真の証明であり、それによって人は誠実な人間であることを立証できるのである。それゆえビアスの格言のように、(11)「君位は人を顕す」ものである。というのも貧しい境遇にあったときには有徳にみえた多くの人も、権力の絶頂に登るやいなや、たちまち徳から滑り落ちてしまうからである。かくて君主

が正しく行動するに際して直面する困難さそのものがかれらにより大なる報酬に価させるのであって、時にかれらが脆さのゆえに過ちを犯すとしても、アウグスティヌスの言うように、(12)自分たちの罪に対して真の神に謙譲さと赦しと祈りの捧げ物を供えることを怠らないならば、そのことに免じてかれらは人びとから赦されるべきものとされるし、神からも容易にお赦しをいただけるのである。その一つの実例として多くの罪を犯したイスラエルの王アハブについて、主はエリヤに向かってこう述べておられるのである。「かれが私の前にへりくだったので、私はかれが生きている間は災いを下さない」(「列王記上」二一：二九)。

[74] 王に優れた報酬が与えられるべきであるということは理論上証明されるだけでなく、神の権威によっても確証される。「ゼカリア書」(一二：八)にはこう記されている。「主がエルサレムの住民のために盾となられる祝福の日――すなわち永遠の平和を見る日――に、他の人びとの家はダビデの家のようになる。というのもすべての人は王となり、手足が首と共にあるように、キリストと共に治めるであろう。しかしダビデの家は主の家のようであろう。賢き統治によって民に対して神の職務を忠実に果たすならば、その報酬として神に近づき、神に寄り添うであろう」。このことは異教徒たちの間にあ

っては、国の支配者や守護者たちが神へと姿を変えると信じられたとき、なにやら夢幻のようなものであったのである。

第一〇章　王侯君主はそこより生じる自己自身の善と利益のために善き統治を熱心に求めねばならないこと。その反対から僭主制的支配が生じること。

[75] 統治にあたり善くそれをなすことが王に約束された天上の浄福の大いなる報酬であるので、王は僭主制に陥らぬように全力を傾注しなければならない。実際かれらが地上において崇められるゆえんであるところの王の栄誉から天上の王国における栄光へと移されることにもまして、喜ばしいものはかれらにはないのである。これとは反対に、つまらぬ地上的利益のために正義を捨て去る僭主は重大な過ちを犯すことになる。すなわち、正しい統治によって獲得しえたはずの最高の報酬を失うからである。そうした儚い、地上的利益のために最大で永遠の善を失うことがいかに愚かしいかを知らないような者は、蒙昧で、不信心な者を除いては、誰もいないであろう。

[76] これに付け加えるに、僭主がそのために正義を失うところのこうした現世的な利益そのものが、正義を遵守するときには王のよりいっそうの利益になるということである。

[77] 第一に、すべての現世的なもののうちで、貴き友情に優ると思われるものはなにもない。有徳者を一致和合させ、徳を保ち、推進させるものはすなわちこれ友情である。およそ人がどのような仕事に従事しようとも、万人に必要とされるのはまさしくこれであって、順境のときにはうるさく押し付けるものではなく、逆境のときには見棄てるものでもない。最大の喜びを与えるのもこれであって、いかに楽しかろうと、友なくしては倦怠と化すであろう。いかに困難なことも、愛は容易なるものにし、ほとんど無にしてしまう。いかなる僭主の暴虐も友情の喜びをなくするほどのものではない。シュラクサイの僭主ディオニュシオス(1)がダモンとピュシアスという二人の友のうちの一人を殺害しようとしたとき、殺されようとしていた一人が、家に戻って、用事をすませたいので、しばしの猶予をお願いしたいと言った。そうするともう一人がかれの戻るまで自分の身を人質として僭主に差し出した。しかるに約束の日が迫ってきても、その男は戻ってこないので、誰もが人質となったもう一人の男の愚かさを非難した。しかし男は友の信義

を疑わないと言い放った。すると殺されるはずのまさにその時刻に、男は戻ってきた。僭主は両人の示した心持ちを大いに称賛し、友情の信義のために刑の執行を免除しただけでなく、自分をその友情関係の三番目の者として受け入れてほしいと言ったのである。

[78] しかしこの友情の恩恵をどんなに欲しようとも、僭主はこれを手に入れることはできない。というのは、かれらは公益を求めようとするのではなく、自分たちの利益を求めようとするので、かれらと臣民との間の交友などごく僅かか、あるいは皆無だからである。(2) 友情は自然に生じることもあれば、生活習慣の類似、あるいはなんらかの社会的交わりを通して結びついた人びとの間で成り立つものである。それゆえ僭主と臣民との間の友情などというものはごく僅かというよりはむしろ皆無である。同時にまた臣民は僭主の不正によって圧迫され、自分が愛されているのではなく、卑しめられていると感じるので、けっして愛することはない。だからといって、臣民から愛されないとしても、僭主には不平を鳴らす理由はない。愛されるような振舞いを僭主は示さないからである。これに対し、善き王は公共の利益を熱心に図ろうとし、臣民により多くの繁栄をもたらそうと努めるので、臣民に示す愛のゆえに自らも臣民の多くから愛されるのであ

る。友人が憎まれたり、善行者がその善に報いられる代わりに悪を被ったりすることは民衆の間で生じる事柄よりももっと大きな悪弊であろう。

［79］この愛から生じるのは、善き王の統治が安定した統治になるということである。というのも臣民は善き王のためならば、どんな危険に身を晒すことも厭わないからである。その実例はユリウス・カエサルの場合に現れている。スエトニウスはかれについて述べているが、(3) かれカエサルは兵士たちをことのほか愛していたので、そのうちの何人かが殺害されたのを耳にしたとき、かれらの仇を討つまでは頭髪にも髭にも手入れをしなかったのである。このことが兵士たちを自分に対してまことに献身的、忠誠的たらしめ、その結果かれらの多くが捕虜になったときに、カエサルに刃向かうならば、一命を助けてやるといわれても、それを拒否させたのである。またその権力行使において苛酷なところのなかったオクタウィアヌス・アウグストゥス(4)は臣民に慕われたので、かれが死の床にあったとき、多くの者は自分たちの身代わりとして供えておいた動物の生贄をかれの快癒のために捧げようとしたほどである。それゆえ人民がかくまで心を揃えて愛した君主の支配を覆すのは容易なことではない。かくてソロモンは「箴言」〔二九：一四〕でこう述べているのである。「弱い人にも忠実な裁きをする王。その王座はとこしえに

堅く立つ」。

［80］これに対し、僭主の支配は民衆にとって忌み嫌われるものなので、永続的ではありえない。多くの者たちの願いに反するようなものは永く続くはずはないからである。またこの世の生活はいかなる人にとっても多少の苦難を耐え忍ぶことなしには、過ごしえないものである。しかし苦難にさいしては僭主に抗して立ち上がる機会がないわけではない。機会があれば、その機運に乗じようとする者が多くの人びとのなかから一人ぐらいは出るであろう。そのとき人びとはそのような謀反者に望みを託して従うであろう。そして民衆の共感を受けてなされることが簡単に失敗する結果になることはないであろう。それゆえ僭主の支配が永続することなどまずありえないのである。

［81］この事実は僭主の支配が何故に保たれているかを考えてみれば明白である。上述から明らかなように、僭主に対する民衆の愛などごく僅かか、皆無であるので、僭主の支配が愛によって保たれることなどありえない。僭主は臣民の忠誠をあてにできないのである。というのは忠誠の徳性を考えようにも、民衆の間にそのような徳性を見いだすことはできないのであって、かれらは隙あらば、不正な隷属の軛《くびき》から逃れようとするからである。大方の見解にしたがえば(5)、僭主の邪悪さに対してはどのような手段を用いて

でも、それを阻もうとすることはけっして忠誠に反することにはならないのである。それゆえ僭主の支配はひとえに恐怖によって支えられているにすぎず、僭主はあらゆる手段を尽くしてでも自分が臣民によって恐れられる存在であろうとしているのである。しかし恐怖の基盤は虚弱である。というのも恐怖によって服従している者たちはひとたび罰せられない機会が到来すれば、支配者に抗して立ち上がるであろうし、自分たちが自分たちの意思に反して単に恐怖のみによって抑圧されていた場合にはなおのこといっそう猛烈な勢いでそうするであろうからである。それはあたかも無理やりに押し入れられた水が出口を見いだすと、それだけ激しく流れ出すのと同じことである。さらには恐怖そのものが危険を伴わないことがない。というのも多くの者が過度の恐怖によって絶望に陥ってしまうからである。そして身の安全さに絶望すると、人間は自暴自棄になり何をしでかすかわからない。それゆえ僭主の支配は永続することはできないのである。

[82] このことは推論から明らかであるのに劣らず、また実例からも明らかである。人がもし古人の業績や現代人のなしていることを考察すれば、(6) 僭主の支配がけっして長続きするものでないことがわかるであろう。それゆえアリストテレスは『政治学』(7) のなかで多くの僭主の名を列挙し、その支配がことごとく短期に終わったこと、そしてときに

は長続きした場合があったけれども、それはその支配が苛酷ではなく、多くは中庸な王を模倣したがゆえであったことを指摘している。

[83] さらに神の裁きを考察するとき、このことはいっそう明らかとなる。なぜなら「ヨブ記」[8]〔三四：三〇〕に、「民の罪のゆえに、神は偽善者をして支配されようとした」といわれているからである。王の職務に就いていながら自らが僭主であることを示すような者以上に、偽善者と呼ばれるに相応しい人間は誰もいないであろう。なぜならば偽善者とは芝居でやるように、自分以外の人物を演じる者のことをそう呼ぶからである。そういうわけで神は臣民の罪を罰するために僭主が支配するのを許し給うたのである。それでそのような罪は聖書においては神の怒りと名付けられている。それゆえ「ホセア書」〔一三：一一〕を通して主はこういっておられる。「怒りをもって、私は王を与えた」。しかし神の怒りのうちに民に与えられた王は不幸である。かれの支配は安定したものとはなりえない。というのは神はその怒りにおいて、赦すことも、慈悲を示すことも忘れることはないであろうからである[9]。「ヨエル書」〔二：一三〕にいわれるように、「主は忍耐強く、慈しみに富み、くだした災いを悔いられるから」である。それゆえ神は僭主が永く支配することを許されないし、僭主によって民の上にもたらされた嵐がやんだ後には、

僭主を没落させて民に平穏を与えるであろう。それゆえ「シラ書〔集会の書〕」〔一〇：一四〕においてこういわれているのである。「主は、支配者たちをその王座から降ろし、代わりに、謙遜な人をその座に就けられた」。

［84］さらに経験からいっそう明らかなのは、僭主が略奪から得るところのものよりももっと大きな富を王は正義を通して獲得するということである。というのも僭主の支配は人びとに忌み嫌われているので、僭主は人民から身を守るために多くの護衛を必要とし、このことが人民から掠め取る以上の費用となるからである。これに対し、人民に喜ばれる王の支配はすべての人民が護衛であり、それにかける費用などいらないのである。そして必要とあらば、かれらは王に対して、僭主が奪い取るよりもはるかに多くのものを進んで捧げるであろう。このことはソロモンが述べていることを成就するものである。すなわち、「散らしてなお、加えられる人〔すなわち王〕もあり、締めすぎて欠乏する者〔すなわち僭主〕もある」〔「箴言」一一：二四〕。同様に、富を不正なやりかたで集めた者がそれを無益に散じたり、正当にも没収されたりするのは神の正しい裁きから生じる結果である。ソロモンが「コヘレトの言葉」〔五：九〕でいっているように、「銀を愛する者は銀に飽くことなく、富を愛するものは収益に満足しない。金銭を愛する者はその果実を得る

ことがない」。そしてまた「箴言」〔一五：二七〕のいうように、「奪い取る者の家には煩いが多い」。これに対して、正義を求める王には神から富が授けられる。あたかも裁きをなさんがために叡知を求め、豊かな富の約束を得たソロモンのように(11)。

[85] 世評について語るのは不要なことのように思われる。善き王が存命中のみならず、むしろ死後において人びとの讃美のうちに生き、追慕される一方で、悪しき者の名はたちまちにして忘れられ、あるいはかれらがとりわけて悪にたけた者であったならば、呪詛のうちに記憶されることになるのをいったい誰が疑いえようか。それゆえソロモンは「箴言」〔一〇：七〕において、「神に従う人の名は祝福され、神に逆らう者の名は朽ちる」と語っているのである。すなわち、この者は消滅するか、あるいはただ悪臭を放ちつつ残るかするだけであろう。

第一一章　富、権力、名誉、名声のごとき世俗的善は僭主のもとによりも王のもとにより多く訪れること、およびこの世において僭主たちの陥る悪について。

[86] それゆえ上述から(1)権力の安定、富、名誉および名声が僭主よりも王のほうに望みのままにもたらされることが明らかとなった。そして君主はこれらの目的を不当なやり方で手に入れようとすると、僭主に転落するのである。人は何らかの利益に対する欲望に惹かれるのでないならば、正義から逸《そ》れることはないであろう。

[87] かてて加えて僭主は君主として当然授けられるべき至高の浄福を剝奪され、もっと深刻なことに、刑罰として最大限の苦痛を身に招くのである。というのも一人の人間から略奪をし、その人を奴隷の境遇に陥れ、あるいは殺害する者が最大の刑罰に、つまり人間の裁きにおいては死、神の裁きにおいては永遠の呪詛、という刑罰に価するとすれば、すべての人から掠め取り、すべての人の自由を蹂躙し、自分の意のなすままに誰彼となく殺害する僭主に、いったいどのような刑罰が考えられるというだろうか。

[88] のみならずこのような者は容易に悔いることはない。驕慢の風に巻き上げられ、罪の報いとして神に見放され、人びとの追従によって無感覚になっているので、かれらがきちんと償いを果たすことはほとんどないのである。いったい何時、かれらは正義の義務を逸脱して横領したすべての物を返還するのだろうか。かれらがそれらの物を返還するように義務づけられていることは何人《なんぴと》も疑いえないところである。いったい何時、

かれらは自分たちが抑圧し、いろいろな手を使って不当に傷つけた人びとに償いをするのだろうか。

[89] その無悔悛ぶりに加えて、かれらは自分が罰せられずに、そしてなんの抵抗も受けることなくしでかしたすべてのことを正当なことだと思っているのである。それゆえかれらは自分の悪業を悔いて償おうとはしないだけでなく、自分の慣習を権威のごとく利用しながら、後継者たちに罪悪を犯しても恥じない不敵さを伝えようとするのである。かくてかれらは自分自身の所業に対してだけでなく、自分が罪の機会を与えてしまった人びとの罪業に対しても神の御許において問責されねばならない。

[90] かれらの罪はさらにその任じている職務の尊厳からいってもいっそう重大である。あたかも地上の王が自分に仕える者の不忠に気づいた場合、よりいっそう重い罰をその者らに加えるのと同じように、神はご自分の統治の実行者、奉仕者となし給うた者が不正を働き、神の裁きを悪用して恥じない場合、その者らに対してより重い罰を課すことであろう。それゆえ「知恵の書」〔六：四―五〕では、不正な王に対してこういわれているのである。「あなたたちは国に仕える身でいながら、正しい裁きをせず、掟を守らず、神の御旨にそって歩まなかった。神は恐るべき姿でただちにあなたたちに臨まれる。上

に立つ者は厳しく裁かれるのだ」。また、「イザヤ書」(一四：一五―一六)はネブカドネツァルに向かっていう。「お前は陰府《よみ》に落とされた／墓穴の底に。お前を見る者は」あたかも罪に深く沈んだ者のように、「まじまじと見つめる」。

[91] かくて王が現世の利益をふんだんに得て、神から素晴らしき位の浄福を用意される一方、僭主はかれらの渇望する現世的満足さえ得ようとして叶わず、多くの危険を冒し、さらに悪いことには永遠の幸福を奪われ、最も重い罰に処せられるのである。そうであれば、統治の任に当たる者はよくよく心して自分が臣下に対して、僭主ではなく、王であることを示さねばならない。

[92] 王とは何であるか、民衆にとって王を戴く利益は何か、さらにはまた民衆に対して自分が僭主ではなく、王であることを示すことが王にとっていかに有益かなどに関して、われわれとしては以上で意を尽くしたと思う。

第一二章　王の職務とは何か、を進んで明らかにする。自然の道理により、王国における王はあたかも肉体における魂、現世における神と同じようなものである。

[93]　上述したところから次に考察しなければならないのは、王の職務とは何か、そして王はいかに振舞うべきかということである。人為にしたがうものは自然にしたがうものに倣う――そのことから理性にしたがっていかに行為するかをわれわれは学ぶことになるのであるが――のであるから、王の職務も自然の支配形態から学ぶのが最上であるように思われる(1)。

[94]　ところで自然の事物には、普遍的支配と個別的支配とがある。普遍的支配は摂理によって全宇宙を支配し給う神の統宰の下に、万物がそれにしたがってそれぞれの位置を見いだすところのものである。これに対し個別的支配はこの神の支配に最も近似したもので人間のなかに見いだされるものである。このため人間はより小さな世界と呼ばれる(2)が、それは人間のなかに普遍的支配の形態が見いだされるからである。確かに、すべての被造物とすべての霊的力が神の支配によって治められるように、肉体の各部分と魂

のすべての力は理性によって支配される。かくてある意味では、理性と人間との関係は神と世界との関係に等しい。しかし上述したように、(3) 人間は自然的に多くの仲間のうちの共存関係のなかで生きる社会的動物であるから、人間のなかに神の支配との類似性が見いだされるのは、単に人間がかれの理性によって支配されるという意味だけでなく、多くの人間たちもまた一人の人間の理性によって支配されるという意味においてもそうなのである。そしてまさにこれが君主の職務にほかならない。こうしたことの同様の例は、社会をなして生活するある種の生き物の間にも見いだされる。例えば、王がいるといわれる蜜蜂の場合がそうである。ただもちろん、かれらの間では理性による支配がおこなわれているわけではなく、自然の創造者である最高の支配者によって与えられた、自然的本能によって支配がおこなわれているのである。

[95] それゆえ君主たる者は王国における自己の職務が、ちょうど肉体における魂や、世界における神のごときものである、ということをよく認識しておかなければならない。(4) かれがこのことをしっかりと考慮に入れるならば、かれは一方において自分が神に代わって王国に正義をおこなうために選ばれていることを意識し、正義への熱意を失わないようにするとともに、他方においてかれの支配下にいる人びとをかれ自身の四肢のよう

に考え、柔和と寛容の精神を発揮することができるであろう。

第一三章　この類似性から統治の方法を学ぶ。神がそれぞれの事物をその秩序、固有の作用および場所によって区別し給うように、王もまた王国において人民を同様に扱う。魂に関しても同じである。

[96] それでは神がこの世において何をなし給うかを考察しなければならない。そうすることによって王は何をなすべきかが明らかになるであろう。

[97] 全体から見て考察されるべき、神のこの世における働きには二つある。一つはこの世の創造であり、二つは創造されたこの世の統宰である。同様に、魂も肉体に対して二つの仕事をなしている。すなわち、まずは肉体が形成されるのは魂の力であり、次いでその肉体が支配され動かされるのも魂によってである(1)。

[98] これら二つのうち、王の職務にむしろ本来的に属するのは二番目のほうである。というのも統治はすべての王に属することだからである。そして王という名称は「統治

を指導するということ」から出ているのである。しかし前者の仕事は必ずしもすべての王の手になるわけではない。なぜならばすべての者がその治める王国や都市を創設するわけではなく、既に創設された王国や都市に対して統治の指揮を執るからである。しかしもし王国や都市を創設した人がまず存在しなかったならば、王国を治めるという事情もないであろうことは銘記しておかねばならない。確かに王国や都市の創設は王の職務のうちに含まれるのである。(2) 事実、ニノスがニネヴェを、ロムルスがローマを創設したように、現に治めている都市を自ら創設した者がいないわけではなかった。同様に、治められるものを保護し、その建設された目的に沿ってこれを利用することも王の仕事に属する。それゆえ創設の理由が知られなければ、統治の職務も十分に認識されることはないであろう。

[99] いまや王国の創設の理由は世界の創造の実例から学ばねばならない。この世界創造においてまず、事物の生産が、次いで世界の諸部分の秩序立った区分が考えられるのである。(3) かくて世界の異なった部分には、天には星、空には鳥、海には魚、地には動物というふうに、異なった種類の事物が配置されているのを見ることができる。そしておのおのの事物には、その必要とするものが神慮によって豊かに備えられているのがわか

る。この創造の理法をモーセは正確に、熱心に示している。(4) まず初めにかれは事物の創造をこう説明する。「初めに、神は天地を創造された」。次に、すべての事物が神慮によって適切な順序にしたがって相互に区別されていると述べている。すなわち、夜から昼、低きものから高きもの、陸から海である。そこから天は星を、空は鳥を、海は魚を、地は動物をそれぞれ添えられ、最後に地と動物の支配が人間に割り当てられたと語っている。また神の摂理によって植物が人間と同じく他の動物によって利用されたと述べている。

[100] しかし都市や王国の創設者は人民や居住する場所や生活に必要ないっさいの物を無から作りだすことはできない。かれは既に自然に供給されてある物を利用しなければならない。それは例えば鍛冶屋が鉄を、大工が木材や石を仕事に用いるように、その他の技術が作業の材料を自然から得るのと同様である。それゆえ都市や王国の創設者はまず初めに居住するに適した場所、つまり住民の健康を確保し、(5) 地味肥沃で食料を供給でき、(6) 風光明媚な景観で人の眼を楽しませ、(7) 敵の攻撃を防ぎうる安全な場所を選ばねばならない。これらの利点のいくつかが欠ける場合には、そうした条件、あるいは少なくともそのうちのより不可欠な要素をある程度満たしうる、もっと適当な場所が選定され

ねばならない。次いでなさねばならないのは、都市や王国の創設者が都市や王国の完成のために必要とされるものの緊急度にしたがって、選ばれた場所に等級をつけることである。例えば王国を創設する場合、いかなる場所が都市の建設に適しているか、村を作り、陣地を設けるに相応しいのはどこか、学問研究の中枢、兵士の演習地、商業市場を置くに適当なところはどこか、などなど王国の完成のために必要とされることを考慮しなければならない。そして都市の建設の事業に着手する場合には、いかなる場所が聖堂に、いかなる場所が裁判所に、いかなる場所がさまざまな業務の集会所に適するかを決めなければならない(8)。さらに、人びとを参集させることが必要であるが、その場合その従事する仕事にしたがってそれぞれ適当な場所にかれらを割り当てなければならない。最後に、個々の人に対してその人の境遇や身分にしたがって生活物資を供給しなければならない。そうしなければ、王国も都市もけっして長続きしないであろう。

[101] 要するに、こうしたことが都市や王国を創設するにさいして王の職務に属する事柄であるが、それらは世界の創造との類比から引き出されたものである。

第一四章　いかなる統治方法が、神の統治方法にしたがったものとして、王に適合するか。その方法は船の舵取りに端緒を発する。そして時に聖職者の支配と王の支配との比較が試みられる。

〔102〕 都市や王国の創設がこの世の創造を模範としているように、その統治の理法も神の統宰から学ばねばならない。

〔103〕 しかしながらまず初めに、この治めるということは治められるものをその固有の目的へと適正に導くことだということを考慮に入れておかねばならない。それだからこそ例えば船が舵取られるとは、船乗りの働きによって船が港へと支障なく正しい航路で導かれることをいうのである。したがってもし或るものが、あたかも船が港へと導かれるように、自分の外にある目的へと秩序づけられている場合(1)、そのものを無傷に保つだけでなく、さらにそれを目的へと導くことが統治者の職務なのである。しかし、もしその目的がそれ自身の外にはない或るものがあるとすれば、統治者の唯一の仕事はそのものを無傷にそれ固有の完成へと保つことであろう。

〔104〕万物の目的である神ご自身のほかに、事物のなかには上のごときものは何も見いだされないが、外側の目的へと秩序づけられているものに関しては、さまざまな人によって配慮が多様な仕方でなされる。というのは或るものを本来の状態に保つために世話をやく人もいるであろうし、統治の理法が明白に示されている、船の場合にみられるように、より高い完成へと導こうとする人もいるだろうからである。確かに大工は船にどこか傷んだ箇所がある場合、そこを修繕する面倒をみるし、船乗りは船を港へ導くのを仕事とする。それはまた人間の場合も同じことである。医者は人命が健康に保たれるように注意を払い、商人は生活物資が充足するように、学者は真理を知るために心を砕き、教師は理性にしたがって生きることを心がけるのである。

〔105〕かくてもし人間がなんらかの外的善に向かって秩序づけられていないとするならば、人間にとっては以上の配慮だけで十分であろう。しかし死を控えて生きる以上、人間には或る外的な善が存在する。死後、神の享受のうちに期待されるところの究極の浄福がすなわちそれである。「コリントの信徒への手紙二」〔五：六〕において使徒がいうように、「体を住処としている限り、主から離れている」。それゆえキリスト者は永遠の救済浄福を得、そして聖霊の賜物を通してその許へと引かれてゆくキリストの血によって

という港に曳航されるところの、もう一つの別の霊的な導きを必要とする。その導きはキリスト教会の聖職者たちによって信者たちにもたらされるのである。

［106］ところで全民衆の目的に関する判断は一人の人間の目的に関する判断と同じでなければならない。(2) それゆえもし人間の目的が自身のうちに存在する何らかの善であるとすれば、統治されるべき民衆の終局目的も同様に民衆がそうした善を獲得し、それを永く保持することにあるであろう。そしてもしそうした目的が一人の人間の場合でも、民衆の場合でも、肉体的なもの、つまり生命および肉体的健康であるとすれば、それは医者の職務ということになるであろう。またもし終局目的が富の豊かさにあるとすれば、民衆の王は商人ということになるであろう。しかしもしそれが民衆の到達することのできる真理の認識という善であるとすれば、王は学者の職務を有することになるであろう。しかしながら会い集う民衆の目的は徳にしたがって生きることであるように思われる。というのは人びとが会い集うのは一人で生きるのでは達成できないようなこと、つまり共に善く生きるということのためなのである。(3) そして善き生活とは徳にしたがうということである。それゆえ有徳な生活は人間が会い集うことの目的である。ところでこのことを示す徴候は善き生活を送ることによって相互に相通ずる人びとのみが会い集う民衆

の部分をなすことである。もし人間が単に生きるだけで良しとするならば、他の生き物や奴隷もまた市民的集合の一部分ということになるであろう。(4) もしそれがまた富の獲得のためだったとしたら、商売を同じくするすべての人が一つの都市に属することになるであろう。しかし同一の法と同一の統治の下に善き生活へと向かう人びとだけが一つの集団とみなされるのである。

[107] しかし人間は徳にしたがって生活しながら、既に上述したように、神の享受のうちにあるより高次の目的に向かって秩序づけられているので、多数の人間の目的と一人の人間の目的は同一のものでなければならない。それゆえ会い集う民衆の終局目的は徳にしたがって生きることではなく、有徳な生活を通して神の享受へと到達することなのである。(5)

[108] もし本当に人間の自然の力によってこの目的に到達することができるのならば、人びとをこの目的へと導くことが王の職務に属するのは当然であろう。確かに世俗の事象に関わる最高の統治を委ねられている人を王と呼ぶのは普通のことである。ところで統治は崇高であればあるほど、それはより高次の目的へと秩序づけられている。というのは終局目的に充てられているものを実際に実行に移す人びとに命令を下すのが、終局

目的に関わる人であるのは常に見られることだからである。(6) それはちょうど船を実際に航行させねばならない船長が船を建造する者に対して、航行に適するどのような船を造るべきか、命令指揮したり、あるいは武器を使用する市民が鍛冶屋に向かって、どのような武器を作るべきか指図するのと同じことである。しかし人間は神の享受という目的を人間的徳のみによっては達成することができず、神の恵みによらねばならない。使徒が「ローマの信徒への手紙」〔六：二三〕において述べているように、「神の賜物は永遠の命なのです」。それゆえこの目的へと導いていくのは人間の統治ではなく、神の統治である。

〔109〕それゆえこのような統治は単に人間であるだけでなく、神でもある王、すなわち人びとを神の子となさしめ、天上の栄光に誘った我らが主、イエス・キリストに属するのである。それゆえ腐敗することのないこの統治(7)はかれに伝えられたものであり、だからこそかれは聖書のなかで祭司と呼ばれるだけでなく、王とも呼ばれているのである。「エレミヤ書」〔二三：五〕のいうように、「王が統治し、王は賢明であろう」。王の聖職が始まったのはここからである。そしてさらにはすべてのキリストの信者はかれの四肢であるかぎり、王にして祭司と呼ばれるようになったのである。(8)

〔110〕 それゆえこの王国の職務は霊的なものを地上のものと区別するために、(9) 地上の王に委ねられるのではなく、聖職者に、とりわけ最高の司祭、ペトロの後継者、キリストの代理者、ローマ教皇に委ねられている。そしてかれに対して、キリスト教徒人民(10)のすべての王はあたかも主イエス・キリストその人に対するように、服従しなければならない。(11) というのは終局目的の管理に関わる人よりも、先行目的の管理に関わる者は下位に位置し、その人の命令に服さねばならないからである。(12)

〔111〕 異教徒の聖職者とその神々の全礼拝は現世的な善の達成に向けられており、それらすべては民衆の共通善の一部をなし、その管理が王の役目に属していたので、異教徒の聖職者は当然に王に服属したのである。同様に、旧法〔旧約〕においては地上の善は悪魔(13)によってではなく、神によって敬虔な人びとに(14)与えられるものとして約束されていたので、この旧法の下では聖職者は王に服属していたと記されている。(15) しかし新法〔新約〕においては聖職はより高次のものであって、それを通じて人びとは天上の善へと導かれる。それゆえキリストの法においては、王は聖職者の下に置かれなければならない。

〔112〕 このために不思議にも神慮によって神がキリスト教徒人民の未来の首座として予見し給うたローマ市においては、都市の支配者は聖職者の下に服することが次第に慣習

化されていったのである。それに関連しウァレリウス・マクシムス(16)はこう述べている。「我らが都市においては、常にすべてのものが宗教の後に置かれるのが習わしとなっていった。その壮麗さが極まるさまを誇らしげに示すことを狙った事柄においてなおそうなのである。それゆえ支配権力は自分たちを聖なるものに仕えさせることを躊躇しなかった。かくて神の力に善くかつ誠実に仕えるならば、人事の統制は首尾よく果たされると信じられたのである」。

〔113〕またユリウス・カエサル(17)がその書『ガリア戦記』において語っているように、ガリアにおいてはキリスト教の聖職者たちが非常な尊敬を払われるようになっていたので、ガリアの民の間にあっても、ドルイダスと呼ばれていた、異教徒の聖職者たちが全ガリアに法律を制定することを神は許したのである。

第一五章　王がその人民を徳にしたがった生活へと導くのは終局目的を目指すためであること。その中間的目的についても同様であること。また善き生活を整えるものと、それを阻害するものとは何か、そしてその阻害するものに対して王はいかなる対策を講ずるべきか、を論じる。

[114] 人間がこの世で善く生きる生活が、目的としては、天上において約束されているところの浄福の生活へと向けられているように、人間に必要とされる何らかの個別的善、例えば富や利得、健康や弁舌の才、学問といったものは民衆の善という目的に向けられているのである。それゆえもし上述のように、終局目的に関する管理を司る者がその目的よりも下位にある目的の管理を担う人びとの上に立ち、その人びとを命令によって指導しなければならないとすれば、そこから明らかとなるのは王は聖職によって司られるところのいわば支配と統治には服従しなければならないが、他方においてすべての人間的職務に関しては、それらを管理し、自己の統治上の命令権によって指導しなければならないということである。

[115] ところで誰であれ、いわば目的として或る事柄をその到達点に導いていくのを任務とする者は自分の仕事が目的にうまく適合するように心がけねばならない。それはちょうど鍛冶屋が剣を戦闘に適するように作り、建築士が家屋を住みやすいように設計するのと同じことである。それゆえいま善き生活の目的が天上の浄福であるから、民衆の

善き生活をそれが天上の浄福へと到達するように、管理することは王の職務に属することである。すなわち、天上の浄福へと導くものを指導し、それに反するものを、できる限り、禁じなければならない。(1)

[116] ところで何が真の浄福への道であり、何がその障害となるのか、は神の法を通じて知られることであり、それを教えるのは聖職者の職務に属している。すなわち、「マラキ書」〔二：七〕によれば、「祭司の唇は知識を守り、人びとはかれの口から教えを求める」。また「申命記」〔一七：一八―一九〕によれば、主はこう命じている。「かれが王位に就いたならば、レビ人である祭司のもとにある原本からこの律法の写しを作り、それを自分の傍らに置き、生きている限り読み返し、神なる主を畏れることを学び、この律法のすべての言葉とこれらの掟を忠実に守らねばならない」。それゆえ王は神の法〔神法〕に通暁し、いかにすればかれの治下にある民衆が善く生きることができるか、を主要な関心事としなければならない。

[117] その関心事は三つに分けることができる。一つは、治下の民衆のために善き生活を確立すること。二つは、確立したものを維持すること。そして三つは、維持してきたものをいっそうの完成へと推進させることである。

[118] ところで個人の善き生活には二つのことが必要である。一つの、そして最も重要なことは徳にしたがって行動することである。徳とは善く生きる根拠である。(2) もう一つの、そして二つ目のことはいわば手段に関することであるが、(3) 物質的善の充足ということであって、その使用は有徳な行為にとって必要なのである。しかし人間の統一は自然によってもたらされるが、平和と呼ばれる民衆の統一は支配者の精励によってもたらされるものである。それゆえ民衆の善き生活が確立されるためには、三つのことが必要である。まず一つは、民衆が平和の統一のうちに結合されることである。二つは、そのように平和の絆のうちに結合された民衆が善き行為に向けて導かれることである。というのは人間はその四肢の各部分の統一が前提とされないならば、誰も善い行為をなしえないように、人間の集まりも相争って平和の統一を欠く場合には、善き行為を妨げられるからである。三つは、支配者の勤労によって善き生活に必要な物資が十分に存在することである。

[119] かくて善き生活が王の職務によって民衆に確立されたならば、次にはその維持に心がけることが必要となる。さて公共善が永続するのを許さない三つのことがある。そしてその一つは、自然から生じるものである。というのは民衆の善は一度きりで確立さ

れるものではなく、ある程度永続的であらねばならないからである。しかし人間は死すべき存在であるので、永遠に生きることはできない。また生存中といえども、人間の生活は多くの変化に見舞われるので、常に同じ生命力を維持するわけではない。それゆえ人間は全生涯を通じて同じ職務を等しい条件で遂行することができるとは限らない。公共善を保持するのに障害となる二つ目は、内側から生じるものであり、意思の邪悪さからなるものである。つまり、人間は国家の必要とするものを遂行するのに怠慢であったり、あるいは民衆の平和に対して有害であったり、正義を蹂躙することによって他人の平和を攪乱したりするのである。国家維持に障害となる三つ目は、外側から惹き起こされる。すなわち、敵の侵攻により平和が乱され、時として王国や都市が根底から破壊されるのである。

[120] それゆえ上述の三点に対応して、王の急務も三つあることになる。一つは、人の継承とさまざまな職務に就いている人びとの交代ということである。永遠に不変のままではありえないがゆえに、腐敗しやすい事物においては、普遍的なものの保全がなされるように、世代の交代によって或るものが他のものに取って代わることは神の統治が指し示すところであるが(4)、それと同様に王の治下にある民衆の善を、不在となっている後

継者を巧みに供給することによって守護するのも王の課題に属する。二つ目は、法と命令、刑罰と褒賞によってその治下にある民衆が不正に走るのを抑え、かれらを有徳な行為へと導くことである。それは人びとに法を与え、それを守る者には報酬を、違反する者には罰を与える神にその範を求めることである。三つ目は、その治下にある民衆を敵から守ることに注意を払うのが王の急務だということである。もし外部からの敵に備えることができないのならば、内部の危険を避けるなどというのは何の役にも立たないことであろう。

[121] かくて民衆の善の確立のために、王の職務として第三のものが残っている。すなわち、民衆の善の推進に心を砕くことである。このことは先に挙げておいたそれぞれの点に関して、もし不適切なものならば、それを改善し、欠けているならば、それを補い、もっと良くなるものならば、完全を目指すことによって、果たされるのである。それゆえ使徒は「コリントの信徒への手紙一」〔一二：三一〕において、信徒に対し常により良き賜物を求めるに熱心であれと勧めている。

[122] かくてこれらが王の職務に属することであるが、その一つ一つに関してはより慎重に論じられねばならない。

〔第二巻〕

第一章　王は名声を博すべくいかにして都市もしくは陣営を建設すべきか。そしてそのために気候温暖な土地を選ぶべきこと、およびそのことから統治上、どのような便益が生じ、その反対にどのような不利益が生じるか。

[123] まずは[(1)]とくに都市もしくは王国を建設する王の任務について説明しなければならない。というのはウェゲティウスが述べているように[(2)]、どのような最強の民や名のある君主といえども、新都市を建設するか、あるいはその他の方法ですでに他者によって建設されていた都市を拡張し、そこに自分の名前を移すのでなければ、いまだかつてない巨大な名声を博することがなかったからである。これは聖書の記述とも合致している。すなわち、賢人は「町を築いても、名声を高める。」〔「シラ書〔集会の書〕」四〇：一九〕と語っているのである。ロムルスという名でさえも、ローマを建設しなかったとすれば、今

日に知られてはいないであろう。

[124] 都市もしくは王国の建設にあたって、もし資力が与えられているならば、まずもって王によって選ばれるべきは領土である(3)。そしてそれは気候温暖でなければならない。というのは温暖な土地から住民は数多くの利便が得られるからである。まず温暖な土地からは身体の健康と長寿が人間に与えられる。というのも健康は一定のほどよい温度にあるので(4)、気候温暖な土地においてこそ健康は保たれる(5)。まことに類は類によって保たれるのである。しかしもし暑さ寒さが過度のものであるならば、大気の質に従って体の状態が変化することが必要である。それゆえ或る種の動物は場所と気候とが相反する傾向のある場合には温暖な条件を得るために、本能的に寒季には暖かい土地に、反対に暑季には再び寒い土地へと居場所を変えるのである(6)。

[125] これに対して、動物は熱と湿気とによって生きるのであるから(7)、暑さが酷い場合には、自然の湿気(8)は失われ、生命は絶え果てる。これはあたかも注がれた油が過度に燃焼すると、ランプの炎が消えるようなものである。それゆえ、酷熱のエチオピアの或る地方においては人間は最大限生きて三十年といわれている(9)。また極度に寒い地方においては自然の湿気はたやすく凝結してしまい、熱は消え果てるのである。

[126] 次に、人間社会が安全に保たれるために時に必要な戦争にとって、温暖な風土は最も価値がある。というのもウェゲティウスが報告しているように(10)、太陽の近くに住んでいるすべての民族は過度の熱によって日干しにされ、知力には富むが血の気は少ないといわれているので、接近戦に臨んで耐久力も自信も持ち合わせてはいない。かれらは血の気の少ないのを自覚しているので、傷を負うのをひどく恐れるのである。これに反して北方の民族は太陽の灼熱から遠いところに居住しているので、いささか思慮には欠けるがはなはだ血の気が多いので、戦闘にあたっては最も勇猛である。温暖な地方に住む人びとは血の気も多く、傷や死をさほど気にかけないが、だからといって陣営のなかで慎みを守るだけの思慮深さを欠いてはおらず、戦時においても冷静さを失わないので大いに有利である。

[127] 温暖な地域に住むことは政治生活にとって価値がある。このことはアリストテレスが『政治学』(11)のなかで次のように述べているとおりである。「寒冷地に住む諸民族は(12)気概に富んでいるが、思考と技術は乏しいうらみがある。それゆえかれらは民族のうちでも比較的自由であり続ける一方で、国家を組織できず、近隣の民族を支配することができない。他方温暖な地方に住む民族は(13)思考と技術の精神はあるけれども、気概に乏し

い。それゆえかれらはつねに支配され、隷属化されている。しかし両者の中間に住む人びと[14]は気質の上でも両者の要素を分けもっている。それゆえかれらは自由であり続け、最も優れた国家組織のもとにあって、他の民族を支配する能力がある」。それゆえ、都市もしくは王国の建設においては温暖な地方が選ばれるべきである。

第二章　王や君主は都市あるいは陣営を建設すべくいかにして空気が健康に良い地方を選ぶべきか。そしていかなる点において、またいかなる徴候においてこのような空気が感知されるかを明らかにする。

[128] さて地方の選定をおこなった後で、建設すべき都市に適する場所を選ばねばならない。

[129] その場合まずは空気の清浄さが求められるべきである。というのも、都市生活に先立って自然の生活があり、それは清浄な空気があってこそよく維持されるものだからである。ところで、最も健康に良い場所とはウェゲティウスの伝えるところによれば[1]、

高地で、霧が出ず、霜も降りず、そして炎暑でも寒冷でもなく、沼沢の多い湿地帯に隣接もしていないところであろう。実際高地は空気の清浄さをもたらすものであるが、それというのも高地は風通しがよく、それがために空気が清められるからである。また日光の力によって地面と水面から立ち上る水蒸気は高地においてよりも渓谷や低地においていっそう濃くなる。それゆえ高地のほうが空気はより清浄である。さて空気の清浄さは楽で自然な呼吸に最善なものであるが、それは湿気の多い低地で充満するのが通例である霧や霜によって害される。それゆえそのような場所は健康に悪いと考えられる。そして沼地はあまりに湿気が多いので、都市の建設予定地としては沼沢から離れていることが必要である。というのも朝の風が日の出とともにその地に流れ出し、沼地から立ち上る霧がそれと交じり合うと、その霧を含んだ沼地に棲息する動物の有害な気息があたり一面に撒き散らされ、その地を疫病の発生源にさせるからである。しかしながら、都市の壁が海岸に隣接した沼地に北向きに、あるいはほぼ北向きに築かれ、(2)しかもその沼地が海岸よりも高地にあるのならば、壁は理に適って築かれているといえよう。というのは、溝が掘られることによって沼地の水が海岸へと流れ出し、強風が海面を隆起させて海水を沼地に戻すことになると、そこに棲息する動物の繁殖を許さないからである。

そして動物が高地から下ってくるようなことがあったとしても、慣れていない塩水のなかで死んでしまうのである。

［130］さらに都市に指定された場所はさまざまな方角に面していて、暑さ寒さの加減がほどの良いところでなければならない。もし都市の壁が海岸の至近距離に築かれていて、南向きであるとすれば、健康的とはいえないであろう。というのも、そうした場所は朝は太陽に照らされないので寒く、日中は日照りのために暑いだろうからである。これに反し、西向きの場所であるならば、熱の継続性と太陽の位置関係のせいで日の出には涼しいか、やや寒く、日中は暑く、夕方は酷暑である。またもし東向きの場所ならば、太陽とまともに向き合うかたちになるので朝はまことに暖かく、日中は日の光が直接届くわけではないのでそれほど暑くはならず、夕方は太陽光線がまったく反対側になるので涼しい。もし都市の場所が北向きであるならば、寒暖の割合は同一か同様なことになるであろう。そしてその反対は南向きであるが、これについてはすでに言及されたとおりである。ところで、人がより暑いところに移されれば、それだけ健康の度合いが減じることをわれわれは経験から知ることができる。というのは身体は寒い場所から熱い場所に移されると、耐えきれずに分解してしまうのであるが、それというのも熱が水蒸気を

吸収して自然の力を分解するからである。それゆえ健康に良い土地であっても身体は夏には弱ることになるのである。

〔131〕しかし、身体の健康のためにはそれに相応しい食物の摂取が必要とされるので、都市の建設に選ばれる場所の選定にあたっては、その地に生育する食物の状態がどうなっているかを考慮にいれることが必要である。古人(3)はその同じ土地で育つ動物たちからそのことを探知したものである。というのも土地に生育するものを食用にするのは人間と動物に共通であるから、もし屠《ほふ》られた動物の内臓の状態(4)が良好と判断されたならば、人間もまた同じ場所で健康に育つということになる。しかしもし屠られた動物の四肢が病に冒されているとしたならば、その地に居住することは健康に良くないと考えるのが理に適ったことであろう。

〔132〕しかし温暖な気候と同様に、良い空気もまた必要とされねばならない。身体の健康は人間が頻繁に使用しているこれらのものに最大限依存しているのである。そして空気に関しては、それを恒常的に吸い込むことによってわれわれの生命力となっていることは明らかであるので、空気の清浄さは身体の健康に大いに貢献しているのである。同様に、食料として摂られるもののうち、水は飲料としても食料としてもともに同じぐら

い最も頻繁に用いられるものである。それゆえ清浄な空気を除いては、きれいな水ほど場所の健全さに関わっているものはなにもないのである。

［133］そして場所の健康さを判断する際のもう一つの徴候は次のようなことである。すなわち、そこに住む人びとの顔の血色が良く、身体が強壮でかつ均整がとれており、子供の数が多く元気で、老人もまたそこにたくさん見出されるということである。これに反して、人びとの顔が歪み、身体が虚弱で、四肢がやせこけているか衰弱しており、子供の数が少なく病気に罹っており、そして老人もごくわずかしかいないという場合には、その土地がまさに瀕死の状態にあることは疑問の余地のないところである。

第三章　君主によって建設されるべき右のような都市はどのようにして食糧の豊富を確保すべきであるか。豊富な食糧なしには都市は完全なものとはなりえないがゆえに。そしてその豊富を確保する二つの方法を区別する。第一のほうをとくに推奨する。

〔134〕さて都市建設に選ばれた場所は住民の健康を保つだけでなく、食物の十分な供給を必要としなければならない(1)。というのも十分な食糧が存在しないところでは多くの人間が居住することはできないからである。それゆえ哲学者(2)がいうように、非常に熟練した建築士であるクセノクラテス(3)がマケドニア王アレクサンドロスに向かって、ある山に優美な景観の都市を築くことが可能だと説いたときに(4)、アレクサンドロスはその都市に十分な穀物を供給することのできる田畑があるのか否かを尋ねたということである。そしてそこに田畑がないのを知ると王は、そのような場所に都市を建設しようとする者は非難されるべきだと応えたというのである。というのも乳幼児が乳母の乳がなくては養えもせず生長もしないのと同じように、都市もまた十分な食糧がなくては多くの住民を

抱えることができないからである。

[135] ところで、都市に物資の豊富を供給しうる方法は二つある。その一つはすでに述べられたところであるが、人間の生活にとって必要なすべての生産物を潤沢に産むことのできる肥沃な土地によるものである。もう一つは商業の利用によるもので、これにしたがえば生活の必需品がいながらにしてあちこちの地方から取り寄せられるのである。

[136] 最初の方法がより良いことはまったく明らかである。というのは事物は自足的であることがわかればわかるほど、価値があるものなのであるが、それは他のものの手助けを必要としなければならないものは自らが不完全であることを示すからである(5)。さて周囲の地域が生活の必需品に十分である都市は、商業によって他所からそれらの提供を受けねばならない都市よりもはるかに充足的である。確かに、都市は物資の潤沢を自己の領域内から得るほうが、商業を通してそれらを得るよりも価値が高いのである。

[137] それというのも、前者の都市のほうがより安全だからであるが、その理由は戦争の勃発や入り組んだ通路の障壁(6)などによって食糧の流通が簡単に断たれ、都市は食糧不足から敗北させられるからである。

[138] さらに、前者の都市はまた市民の保全のためにもより有利である。というのは、

その存続のために多くの商業取引を必要とする都市は外国人との継続的な共生を忍ばなければならないからである。アリストテレスが『政治学』で教えるところによれば(7)、外国人との交わりは市民の風紀を著しく乱すものである。というのも、外国人たちは異なった法律や慣習の下に育てられているので、多くの事柄において市民の流儀とは異なった行動をとることとなり、その結果市民たちはかれらと同じような行動をとるように仕向けられ、市民の共同生活は攪乱させられるからである。

[139] だからといって、もし市民が自ら商取引に従事するとしたならば、多くの弊害へのきっかけが生じることになるであろう。というのは、商人たちの関心が商取引を通して営利へと向けられるので(8)、市民たちの心に貪欲が伝わり、そこから都市にあるすべてのものが売り物となってしまうからである。そして信用は地に落ちて、そこに詐欺が横行する。公益が蔑視されて、各人は私欲に走る。そして徳の報酬である名誉が万人に与えられるので、徳の涵養が衰退する。それゆえ、このような都市においては、市民の共同生活が堕落することは必然であろう。

[140] 商取引の行為はまた軍事行動にとってもきわめて有害である(9)。商人は日の当たらぬ所に住み、商売に没頭し享楽に耽るので、精神は鈍り、身体は虚弱となって、兵役に

は不適当となる。その結果、国法(10)により商業は軍人には禁止されている。

[141] 最後に都市は人口が少なく、都市の壁の内側に住む人の数が少ないほど平和なものである。というのは人びとが過度に集まって居住していることから争いの機会が与えられ、騒動の種ももたらされるからである。そこでアリストテレスの教えるところによれば(11)、人民は都市の壁の内側に居住しているよりも、都市の外側で働かせるほうが有益である。しかしもし都市が商業によって成り立つものであるならば、市民が都市の内部に居住し、そこで商業を営むのが最も肝要である。それゆえ、都市が自らの田畑から豊富な食糧を得て充足していることは、いっさいが商業に委ねられている場合よりも良いのである。

[142] ところでしかし、商人を都市からすっかり排除してはならない。というのも、他所から持ち込まれる物資をなにも必要としないほどにすべての生活必需品に満たされているような場所を見つけることなど容易ではないからである。しかも或る場所に物が溢れているとき、それらを商人たちの働きによって別の場所に移すことができないとすれば、多くの人びとにとってまったくの無駄になってしまうであろう。したがって、完全なる都市は適度に商人を利用しなければならないのである。

第四章　都市や陣営を建設する場合、王が選ぶべき地方は風光明媚な場所であるべきこと。ただし市民にはこれを適度に用いられるようにすべきこと。というのも風光明媚な景観は往々にして惰弱の原因であり、国を滅ぼすことになるからである。

[143]　都市の建設にあたっては風光明媚な景観によって住民を喜ばせるような場所が選ばれねばならない。景色の美しい場所は容易に放棄されないし、そのような美しさを欠いた場所に多くの住民が集まるようなことも容易にありえない。そもそもそういう風光明媚な景観なしには人間の生活は長続きしないものだからである。ところでその景観の美しさとはどのようなことを指すのかといえば、そこに広大な平原が果てしなく広がっており、樹木が豊かに繁茂し、近くには山々が臨まれ、森に恵まれ、水が豊富に湧き出ているというようなことである。

[144]　確かに過度の優美さは人間を享楽に陥れ、都市をはなはだしく害するものであるから、それを用いるにあたっては適度でなければならない。なによりも享楽に耽る人間

は感覚が鈍くなるものだからである。甘美はこういう人びとの心を官能の淵に沈めるので、その結果かれらは楽しみごとに対して自由な判断ができなくなるのである。それゆえアリストテレスの意見にしたがえば、「裁判官の思慮も快楽により堕落させられる（1）」ということになる。

［145］ついで過度の快楽は徳の道を踏み外させる。確かに快楽にもまして、徳の道を逸脱させる常軌を失った増長に引き入れるものはないのである。というのも一つには、快楽の本質は貪欲であるから、ほんの少しの快楽を得るだけでも淫らな快楽の誘惑に陥ることになる。あたかもそれは乾燥した木材が微量の火で燃え上がるようなものである。もう一つには、快楽は欲望に満足するものではなく、むしろいったんそれを味わってしまえばますます渇きを覚えるものだからである。それゆえ人が過度の快楽を慎むことは徳の務めに属する。実際、過度の快楽が避けられれば、容易に徳の道に至ることができるのである。

［146］したがって、過度な快楽に身を委ねる者は精神が軟弱になる。そしてなにか困難な事態に対処したり、苦しい仕事に耐えたり、危険を冒さねばならない場合に、かれらは臆病になる。それゆえ戦争のさいに快楽は最も害となる。ウェゲティウスが『軍事

論』のなかで[2]「わが人生に快楽少なし、と悟っている者ほど死を恐れない」と述べているのはこのためである。

[147] 最後に快楽に溺れる者たちはたいてい怠惰である。そして必要な仕事やなすべき勤めを怠り、ひたすら快楽にのみ心を傾けて、せっかく他の人びとによって集められていた物を散乱させてしまう。そこで困窮の淵に沈んでも慣れ親しんだ快楽を思いきることはできず、自己の欲望を満足させるために窃盗や強奪までも働くことになるのである。

[148] それゆえ場所柄からか、もしくはその他のどのような理由のためであろうとも、快楽があまりにも過剰なことは都市にとって有害この上もないのである。

[149] ただし、人間の共同生活において精神を刷新させるためのいわば薬味のようなものとして、適当な量の快楽を得ることは必要である。セネカが『心の平安についてセレヌスに与う』のなかで、「心に休養を与うべし[3]」と語っているように、ほどよく快楽を用いることは精神にとって良いことなので、休息をより良くよりうまくとる人は元気を回復する。しかし煮物をするときに良い味になるように用いる塩が多すぎると、かえって味は損なわれる。さらにはまた、もし目的に充てられるものが目的そのものとして求

められるようなことになれば、自然の秩序は崩壊し消滅することになる。鍛冶屋が工具を、車大工が鋸を、医者が薬を求めるように、それらのものはかれらのなすべき目的に向かって秩序づけられているのである。

［150］さて王がかれの統治する都市において心がけねばならないことは、徳にしたがって生活することである。その他のものはしかし、それが目的に充てられたものとして、そしてまた目的の追求に必要なものである限りにおいて、用いられるべきである。しかるに、このことは過度の快楽に身を持ち崩す人には当てはまらない。というのは、このような快楽はすでに述べた目的に充てられないどころか、かえってむしろそれ自体が目的として追求されているように思われるからである。そして、聖書に証されているように、目的に適うこととして、「だからこそ目の前にある良いものを楽しまん」（「知恵の書」二・六）と記されている言葉や、あるいはひき続き記されている、「青春の情熱を燃やしこの世のものをむさぼろう」（同）とかの言葉を見当違いにも吐く不信心な者どもはこの方法を利用しようとしているだけのように思われる。青春期にままあり、そして当然のことに聖書でも非難されているように、肉体的な快楽の不道徳な使用がまさにここにあるのである。アリストテレスが『倫理学』で肉体的快楽を食物に喩えて、それを摂

りすぎても、また少なすぎても健康を損なうが、適量の場合には結構であると述べているのはこういう事情による。(4) かくて、人間の快適さや快楽についても、徳に関する場合と同様である。

訳注

献辞

(1)「思い巡らしておりましたところ」(Cogitanti mihi...)。この書き出しはキケロの *De Oratore*(『弁論家について』大西英文訳、『キケロー選集7』岩波書店、一九九九年)の書き出しに倣うものである。しばしば中世の著作家たちによって用いられた。

(2) ボーヴェのウィンケンティウス(Vincentius Bellovacensis)の *De Eruditione Filiorum Nobilium*(『貴族の子弟の教育について』)の序文を参照のこと。

(3)「ヨハネ黙示録」〔一七:一四〕。「申命記」〔一〇:一七〕。「箴言」〔八:一五〕。「詩編」〔九五:三〕。

第一巻第一章

(1) Aristoteles, *Pol.*, I, 2: 1253a 8.(アリストテレス『政治学』山本光雄訳、岩波文庫、一九六一年/『アリストテレス全集15』岩波書店、一九六九年/牛田徳子訳、京都大学学術出版会、二〇〇一年)。

(2) Aristoteles, *Hist. Anim.*, I, 1 : 488a 7.(アリストテレス『動物誌』上・下、島崎三郎訳、『アリストテレス全集7』岩波書店、一九六八年および、『アリストテレス全集8』一九六九年)。*Eth. Nic.*, I, 7 : 1097b 11. IX, 9 : 1169b 18.(『ニコマコス倫理学』上・下、高田三郎訳、岩波文庫、一九七一—一九七三年/加藤信朗訳、『アリストテレス全集13』岩波書店、一九七三年)。*Pol.*, I, 2 : 1253a 3. このアリストテレスの定式はつねに「人間は政治的動物である」というものである。特別な理由によりこのアリストテレスの言葉の原文通りの引用が必要だと判断した場合を除いては、アクィナスは一般に「人間は社会的動物である」という言い方のほうを好んでいる(セネカの *De Beneficiis*, VII, 1, 7. 『恩恵について』茂手木元蔵訳、『道徳論集(全)』東海大学出版会、一九八九年)。この社会的動物と政治的動物という組み合わせはまた *Summa.*, I-II, 72, 4.(『神学大全』第二—一部第七二問題第四項——なお邦訳は創文社から全四五巻の予定で刊行中である。現在のところ、全巻完成をみていないので、以下当該箇所が既刊であっても、その巻数を明示しない)に見出せる。

(3) 本節[5]から[7]にかけての教えの出典はアリストテレスの『政治学』ではなく、アヴィセンナの *De Anima*, V, 1.(『霊魂について』)である。また *In Eth.*, prol. 4.(『倫理学注解』)も見よ。そこでトマスはアリストテレスの教説(*Pol.*, I, 2 : 1252b 30–1253a 18)をより厳密に踏襲しながら、もはやアヴィセンナの推論が人間は「政治的動物」であるとする結論を示すことのできるものと信じてはいない。アヴィセンナの主張はアクィナスによって用いられている。4 *Sent.*, 26, I, 1

（『命題論集注解』）；*Quodl.*, VII, 17.（『任意討論』）; *CG.*, III, 85.（『護教大全（対異教徒大全）』）。同じく 128, 129, 136, 147；*Summa.*, I–II, 95, 1.

（4）Aristoteles, *De Partibus Animalium*, IV, 10 : 687a 19.（『動物部分論』島崎三郎訳、『アリストテレス全集8』岩波書店、一九六九年）。3 *Sent.*, I, 2, sol.1 ad 3；*Quodl.*, VII, 17；*Summa.*, II–II, 187, 2 c. および ad 1.

（5）Aristoteles, *Hist. Anim.*, I, 1 : 488a 9.

（6）*Summa.*, I, 96, 4.

（7）Aristoteles, *Pol.*, I, 5 : 1254a 28. *In Metaph.*, prol.（『形而上学注解』）; *In I Tim.* II, 3；*Summa.*, I, 96, 4.

（8）*CG.*, III, 23；*ibid.*, 78 参照。

（9）*Summa.*, I, 81, 3 ad 2；I–II, 9, 2 ad 3；*ibid.*, 17, 2 in 2, 7 in corp., および随所。

（10）Aristoteles, *Metaph.*, Delta 1 : 1013a 5. *In Metaph.*, V, 1 : 755.

（11）Aristoteles, *Pol.*, III, 6 : 1279a 17；*Eth. Nic.*, VIII, 10 : 1160a 31. *In Eth.*, VIII, 10（IV, p. 98）; *In Pol.*, III, V.

（12）Aristoteles, *Metaph.*, Alpha 2 : 982b 25.（『形而上学』出隆訳、『アリストテレス全集12』岩波書店、一九六八年）。

（13）本節[11]から[12]にかけての政体（国制）の分類はアリストテレスによるものである。*Pol.*,

III, 7 : 1279a 27ff. しかしながら、この分類が依拠している数の基礎はアリストテレス自身によって不適当だとされる。*Ibid.*, 1279b 38. のちの諸著作においてトマスは徐々にこれを放棄している。*In Eth.*, VIII, 10 (IV) ; *Summa.*, I-II, 95, 4 ; *ibid.*, 105, 1 ; II-II, 50, 1, arg. 1 ; *ibid.*, 61 2 ; *In Pol.*, III, 6 (V). トマスはアリストテレスがなしたように、最終的には、それぞれのもつ政治権力がどのような目的のもとに与えられているかという基本条件のなかにその本質的な特徴を見出す政体(国制)のリストに立ち戻った。すなわち、君主制と貴族制においては権力は徳のゆえに与えられ、寡頭制は富のゆえに、民主制は自由のゆえに与えられているというのである。

(14) Isidorus Hispalensis, *Etymologiae*, IX, 19 (『語源』兼利琢也訳、『中世思想原典集成5 後期ラテン教父』平凡社、一九九三年) : *PL.*, (*Patrologia Latina*『ラテン教父集』) 82, 344. S. Augustinus, *De Civitate Dei*, V, 19. (『神の国』全五巻、服部英次郎・藤本雄三訳、岩波文庫、一九八二—一九九一年/赤木善光ほか訳『アウグスティヌス著作集』第11巻—第15巻、教文館、一九八〇—一九八三年)。

(15) 疑いもなく、*Pol.*, III, 7 : 1279b 1 の再提出が意図されている、この命題の意味は明白ではない。その箇所でアリストテレスはこう述べている。「〔この統治形態が〈政体〉という共通の名で呼ばれる〕のは当然なのである。というのは一人あるいは少数は徳に関して傑出することができるが、しかしもう多数となると、徳のすべてに関して完全な者であることはむずかしく、彼らがとくにそのような者でありうるのは戦争的徳に関してであるからである。なぜならその徳は多数のうちに生じてくるからである」。*In Pol.*, III, 6(V)も見よ。

(16) Cicero, *pro. P.Sestio*, 45, 36.(『セスティウス弁護』宮城徳也訳、『キケロー選集1』岩波書店、二〇〇一年)。Id., *De Officiis*, II, 23, 80.(『義務について』泉井久之助訳、岩波文庫、一九六一年／高橋宏幸訳、『キケロー選集9』岩波書店、一九九九年)。

(17) Aristoteles, *Pol.*, I, 2 : 1252b 9-30 ; *In Pol.*, I, 1(III). このアリストテレスの教説はここで中世の現実に適用されているが、それはアクィナスのその他のいくつかの初期の著作のなかでとほとんど同じである。*In Matth.*, XII, 2 ; *In Ioan.*, XVII, 1, 3 ; *In Cor.*, XI, IV ; *In Hebr.*, XI, 3. 後の著作のなかでアクィナスは(a)アリストテレスの都市〔国家〕が単に人間の物質的な必要物だけでなく、道徳的な必要物の充足を目指しているという事実をもっとはっきりと強調している。*In Eth.*, prol.(II) ; *Summa.*, I-II, 90, 2 ; cf. infra § 106. さらに(b)かれは都市や王国を、おのおのがそれ自身の本質的特徴をもつ特別に異なった共同体として扱うのではなく、「完全共同体」という同一の観念の、形式的に平等で、ただ物質的に、すなわち歴史的に異なった実現物として扱っている。このことの証拠は都市と王国とを組み合わせて用いていることである。*Summa.*, II-II, 47, 11 ; *ibid.*, 50, 1 ; *ibid.*, 3.

(18)「町」はラテン語 vicus の訳。これはこの箇所でも、*In Pol.*(III)においてもアリストテレスのいう「村」のことではなく、vicus(v.g.Vicus Straminis)と呼ばれる中世都市の通り・街をいう。おのおのの町について、トマスは *In Pol.*(III)でこう述べている。「こちらでは織工の、あちらでは鍛冶屋の、という具合で一つの職人組合が活動している」。近代の都市はShoemaker RowとかCordwainer StreetとかComerslaneとかButter Rowといった中世的な町名の付け方の記憶を保持している。

(19)「領国」(provincia)。この言葉はローマ帝制起源のものである。Cf. Isidorus, *Etymologiae*, XIV, 3, 19. これはまた中世教会法においても用いられている。グラティアヌスの*Decretum*, c. 2C. VI, p. 3を見よ。「教会大管区」(provincia)は一〇ないし一二の都市、一人の王……一つの首都……を含む領域である」。Albertus, *Cosmography*(*De Nat. Locorum.*, III, 1 ff : IX, 566 ff.)においては、イタリアは「一つの領国(provincia)であるが、それはまたいくつかのprovinciaをうちに含む。すなわちカラブリア、アプリア、ロマーナ、エミリア、トゥスキア、ロンバルディアである。同様に、スペインは一つの領国であり、いくつかのprovinciaと王国をもっている」。トマスのこの言葉の使用に関しては、2 *Sent.*, 10, I, 3 ad 3 ; 4 *Sent.*, 24, III, 2 sol. 3 ; *Summa.*, II-II, 40, 1. ともかくprovinciaはより大きな、より包括的な全体の一部であるということを除いて、この観念についてはなんら明確ではない。この言葉はそれゆえローマ帝国の記憶を依然として保持している、中世固有の政治思考に特徴的なものである。それはやがて政治的用語から排除されるであろう。Johannes Parisiensis, *De pot. Regia et papali*, I, 1.(『王の権力と教皇の権力について』)を見よ。

(20) 換称とは修辞法の一つで、総称的述語が、ある個人に際立って属するがゆえにその個人を指すために用いられるものである。たとえば、ローマは都市そのもの(*Summa.*, II–II, 125, 2)、神の真理は真理そのもの(*CG.*, I, 1.)というふうに。

(21) Aristoteles, *Eth. Nic.*, VIII, 12 : 1160b 24 ; *In Eth.*, VIII, 10 : 1682.

第二章

(1) *CG.*, I, 42, IV, 76 ; *Summa.*, I, 103, 3. この観念はヘレニズムの政治哲学に特徴的なものである。それによれば、王＝救世主の主要な機能は秩序と平和の確立と考えられている。また Augustinus, *De Civ. Dei*, XIX, 12ff ; Dionysius (Ps.-Areopagites), *De Divinis Nominibus*, XI(ディオニュシオス・アレオパギテース『神名論』熊田洋一郎訳、『キリスト教神秘主義者著作集1 ギリシア教父の神秘主義』教文館、一九九二年) : *PG*(*Patrologia Graeca*『ギリシア教父集』)3, 935ff.

(2) Aristoteles, *Eth.Nic.*, III, 5 : 1112b 14(ラテン語版). *In Eth.*, III, 8 : 474 ; *CG.*, III, 146 ; *In Matth.*, XII, 2 : p. 170a. このように平和は主要な社会的善であるとする観念をアリストテレスに遡らせていくと、トマスは『倫理学』のラテン語訳がギリシア語の *ευνομια*(よく遵守された良き法)を「平和」と訳したという事実によって間違った解釈をしていることになる。

(3) *CG.*, IV, 76 ; *Summa.*, I, 103, 3.

(4) *In Eth.*, VIII, 10(IV).

(5) 本節[9]を見よ。*CG.*, I, 42.

（6） 古代・中世の一般的見解では、蜂は雄と考えられていた。Aristoteles, *Hist. Anim.*, V, 21 : 553a 25.

（7） Aristoteles, *Phys.*, II, 2 : 194a 21.

（8） 「エゼキエル書」〔三四：二四〕。「エレミヤ書」〔三〇：二一〕。

第三章

（1） Aristoteles, *Eth. Nic.*, VIII, 12 : 1160a 35,b 8 ; *In Eth.*, VIII, 10(IV).

（2） 第一章、［11］-［12］。

（3） 第二章。

（4） Aristoteles, *Eth. Nic.*, VIII, 12 : 1160a 35,b 8 ; *In Eth.*, VIII, 10.

（5） Dionysius(Ps.-Areopagites), *De Div. Nom.*, IV, 30 : *PG* 3, 729 ; Thomas in h.l.(IV, 22).

（6） この一節は Sallustius, *Bellum Catilinae*, VII, 2(『カティリーナの陰謀』合阪學・鷲田睦朗翻訳・註解、大阪大学出版会、二〇〇八年)にそっくり出てくる言葉であるが、ただしそこでは〔僭主にではなく〕王について言われている。後節［31］で引用される言葉の直後にある一節である。こういう剽窃はトマスの著作においてはきわめて珍しい。

（7） ラテン語では praedicti tyranni. 本節［27］は以下のような、伝統的な僭主の圧政についてのアリストテレスの説明の再現である。「これらのうちの多くをコリントスのペリアンドロスが工夫したといわれているが、しかしそのような多くのものをまたペルシア人たちの支配の仕方からも取り入れえよう。」(*Pol.*, V, 11 : 1313a 35–1314a 29)。トマスのオリジナル原稿がペリアンドロスとペルシアの僭主に言及している可能性について考えてもおそらくおかしくはないであろう。そうした仮定に立つと、触れられてはいない名前や人物に対する意外な言及を説明するのが容易になる。

(8) *Pol.*, l. c.(注7を見よ)がこの節[27]の出典であるという事実については疑問がないけれども、にもかかわらず本テキストがこの出典に文字通り依拠しているとは示されえない。このくだりの厄介な特徴は著者が「結婚式を禁じる」ことを僭主の政策の主眼とさせているということである。そうした禁止の痕跡はアリストテレスの説明やその中世版においても見られない。トマスはアリストテレスを引用するさいに最も些細な部分においてさえいつも非常に正確である。

(9) Aristoteles, *Eth. Nic.*, II, 1 : 1103b 3. *In Eth.*, II, 1 : 251 ; *Summa.*, I-II, 95, 1.

(10) *Eth. Nic.*, III, 11 : 1116a 20. *In Eth.*, III, 16 : 562.

(11) *Tuscul. Desp.*, I, 2, 4.(『トゥスクルム荘対談集』木村健治・岩谷智訳、『キケロー選集12』岩波書店、二〇〇二年)。

第四章

(1) Augustinus, *De Civ. Dei.*, V, 12 ; Sallustius, *Bellum Catilinae*, VI, 7.

（2） Augustinus, l. c ; Sallustius, l. c.

（3） Cf. *Summa*., I-II, 105, 1.

（4） ここと次の叙述は Augustinus, *De Civ. Dei*., III, 19 (Livius, XXVI, 36) から取られている。金飾り (bulla) は貴族や富裕なローマの青年の装身具であり、胸に垂れ下がるレンズ板状のものである。

（5） Cf. Augustinus, *De Civ. Dei*., V, 12.

（6） 「列王記上」〔一二：一八〕。

（7） 「列王記上」〔一二：一二—一三〕。

第五章

（1） 第三章〔23〕節の叙述——「僭主制は寡頭制よりもより有害である」——は、本章の主題と矛盾してはいない。第三章の論述はここではっきりと除外される、絶対的・全体的僭主制を想定した上で進められている。

（2） Cf. Aristoteles, *Pol*., V, 12 : 1316a 34-39.

（3） トマスはここでイタリアの都市共和国を念頭に入れている。そこでは元々の寡頭制の政体が一人の人間の支配と党派の頭領、すなわちポデスタ (Podestà) ないしカピターノ (Capitano) ——民衆 (popolo) あるいは市民軍 (militia) の長——の独裁によってしばしば取って代わられていた。

ドミニコ会の司教バルトロメーオ(Bartolomeo di Breganza)を追放したパドヴァのポデスタ、エッツェリーノ(Ezzelino)はトマスの同時代人であった。

（4）　王制の優秀性に関するトマスの教説の全体については、Gilson, *Thomisme*, 455ff. を見よ。〔*Le Thomisme.Introduction à la philosophie de s.Thomas*, 1944.〕

第六章

（1）　Cf. *Summa.*, I-II, 105, 1. Carlyle（V, 94）〔Carlyle, R.W. and A.J., *A History of Mediaeval Political Theory in the West*, 6 vols, 1903-1936.〕は、もしこれらの主張が完成されていたものとすれば、それは同じ *Summa.* のなかで混合政体が推奨されている主張と同様のいい方においてであっただろうと見ている。これとは異なった解釈としては、McIlwain, 330ff.〔*The Growth of Political Thought in the West*, 1932.〕

（2）　同様の問題は 2 *Sent.*, 44, II, II(VI) と *Summa.*, II-II, 42, 2 ad 3 において論じられている。また *Summa.*, II-II, 64, 3. も見よ。この問題の歴史については、Carlyle, I, 147ff, 161ff, III, 115ff. 本節での考察は十三世紀のイタリア自治都市の歴史の背景のもとに読まれるべきであろう。

（3）　Valerius Maximus, *Facta et Dicta Memorabilia*(『著名言行録』), VI, 2, Ext. 2(Vincentius Bellovacensis, *Speculum Historiale*(『歴史の鑑』), III, 73).

（4）　Cf. Johannes Saresberiensis, *Policraticus*, VIII, 18(788c)-20(797a)(『ポリクラティクス』).

（5）「士師記」〔三：一四以下〕。Johannes Saresberiensis, *Policraticus*, VIII, 20 (794b).

（6）*Acta Sanctorum Septembris*, t. VI, 308ff.

（7）「列王記下」〔一四：五―六〕。

（8）Eusebius, *Chronicorum Lib.*, II : *PG.*, 19, 467a, 471b ; Augustinus, *De Civ. Dei.*, V, 12.

（9）Eusebius, *Chronicorum Lib.*, II : *PG.*, 19, 551b ; Hieronymus, *De viris illustribus*, I, 9 : *PL.*, 23, 655. また Augustinus, *De Civ. Dei.*, V, 21.

（10）Flavius Iosephus, *De Bello Iud.*, II, 80 ff., 93, 111.（フラウィウス・ヨセフス『ユダヤ戦記』全三巻、秦剛平訳、ちくま学芸文庫、二〇〇二年）。アルケラオスはしかしながらティベリウスによってルグドゥヌム〔リヨン〕に追放になったのではなく、「アウグストゥスによってガリアの一都市ウィエンナ〔ウィーン〕に追放になったのである」。(Iosephus, *op. cit.*, 111 ; Eusebius, *Chronicorum Lib.*, II : *PG.*, 19, 531b : Petrus Comestor, *Historia Scholastica, In Ev.*, XXIV : *PL.*, 198, 1550 ; Vincentius Bellovacensis, *Spec. Hist.*, VI, 103）。トマスの間違いはたぶん *Glossa Ordinaria, In Matth.*, ii, 22 : *PL.*, 114, 78 によるものであろう。上の叙述はしかしながらトマスが以下のところで述べている見解からみれば、よくわからない。*Catena Aurea*（『四福音書連続註解』), *In Matth.*, II, X : p. 39b ; *The commentary to St. matthew*, II, 4 : p. 41b.

（11）「詩編」〔九：一〇〕。

（12）「エステル記」〔八：一一〕。

（13）「エステル記」を見よ。

（14）「出エジプト記」〔一四：二三—二八〕。

（15）「ダニエル書」〔四：三〇〕。

（16）「イザヤ書」〔五九：一〕。

（17）「イザヤ書」〔一四：三〕。

（18）Gregorius, *Moralium*, 25, 16 : *PL.*, 76, 344 ; Isidorus, *Sententiae*, 3, 48, 11 : *PL.*, 83, 720.-2 *Sent.*, 33, I, 2 ad 5 ; *Summa.*, II-II, 108, 4 ad 1.

第七章

（1）S. Augustinus, *De Civ. Dei.*, V, 13. Cicero, *De Republica*, V, 7, 9（『国家について』岡道男訳、『キケロー選集8』岩波書店、一九九九年）。

（2）V, 10 : 1134b 7. *In Eth.*, V, 11 : 1011.

（3）*De Officiis*, I, 20, 68.

（4）Livius, XXII, 39, 20. この「くだり」の直接の出典はたぶん中世で非常によく知られていた多くの Florilegia（詞華集）の一つであろう。

（5）*Bellum Catilinae*, Liv, 6 ; Augustinus, *De Civ. Dei.*, V, 12.

（6）「コリントの信徒への手紙二」〔六：八〕。

(7) Augustinus, *De Civ. Dei*, V, 18.

(8) *Bellum Catilinae*, X, 5.

(9) 「マタイによる福音書」〔六：五〕。

(10) *De Civ. Dei*, V, 12.

(11) ここと、その後に続く叙述は、Augustinus, *De Civ. Dei*, V, 19. に負っている。

(12) loc. cit.

(13) IV, 7 : 1124a 16 ; *In Eth.*, IV, 9 : 755.

第八章

(1) 「ローマの信徒への手紙」〔一三：四〕。

(2) *Eth. Nic.*, II, 6 : 1106a 15. *In Eth.*, II, 6 : 307f ; *Summa.*, I-II, 55, 3.

(3) *Summa.*, I-II, 1, 6, 7.

(4) 本節につながる問題については、*CG.*, III, 27-37 ; *Summa.*, I-II, 2 参照。

(5) *Eth. Nic.*, I, 1 : 1094a 22.

(6) *De Civ. Dei*, V, 24.

(7) 「エフェソの信徒への手紙」〔二：一九〕。

(8) 「マタイによる福音書」〔一〇：三二〕。

（9）「列王記上」〔一〇：一三〕。

第九章

（1）Aristoteles, *Eth. Nic.*, V, 3 : 1129b 31ff ; *Rhetorics*, I, 9 : 1366b 3 ; *Dionysius*（Ps.-Areopagites）, *De Caelesti Hierarchia*, 2（ディオニュシオス・アレオパギテス『天上位階論』今義博訳、『中世思想原典集成3　後期ギリシア教父・ビザンティン思想』平凡社、一九九四年）：*PG.*, 3, 165B. *In Eth.*, V, 2 : 910. トマスの他のテクストについては、Eschmann, *Glossary*, 142 ff.〔*A Thomistic Glossary on the Principle of the Preeminence of Common Good*. In mediaeval Studies V〕

（2）Aristoteles, *Eth. Nic.*, I, 1 : 1094a 9 ; *Metaph.*, I, 1 : 987a 30 ; *Phys.*, II, 10 : 194a 36 ; 3 *Sent.*, 35, I, 4, 1 in 3 ; *Summa.*, I-II, 15, 4 ad 1.

（3）Aristoteles, *Eth. Nic.*, I, 2 : 1094b 7 ; *In Eth.*, I, 2 : 30.

（4）Cf. *Summa.*, I-II, 19, 10 et alibi.

（5）*CG.*, III, 71 ; *ibid.* 46, et alibi.

（6）「国家に対する王の立場は、この世に対する神の立場と同一の関係である」（Stobaeus IV, 7, 61: IV, 263, 7）というのはピュタゴラス＝プラトン的観念と同時に東方的観念に固有のヘレニズム政治哲学に特徴的な教説である。ラテン人の間でもこの教えは、アンブロシアステル（*PL.*, 35, 2236 : Dei enim imaginem habet rex）やソールズベリのジョン（*Policraticus*, VIII, 17 : Imago quaedam divinitatis est princeps)、その他の人びとによって保持され伝達された。

（7） 上掲の注(6)を見よ。*Exp. in L. De Causis*, III : I, 208(『原因論』); *Summa.*, II–II, 99, 1 ad 1.

（8） 「シラ書〔集会の書〕」〔一三：九〕。

（9） *Regula Pastoralis*(『司牧規則書』), I, 9 : *PL.*, 77, 22B.

（10） *De Civ. Dei.*, V, 24.

（11） Aristoteles, *Eth. Nic.*, V, 3 : 1130a 1.

（12） *De Civ. Dei.*, V, 24.

第一〇章

（1） Valerius Maximus, IV, 7, Ext. 1 (Vincentius Bellovacensis, *Specul. Doctrinale*(『学識の鑑』), V, 84).

（2） Cf. Aristoteles, *Eth. Nic.*, VIII, 12 : 1161b 11 ; *In Eth.*, VIII, 12 : 1702ff. ; 3 *Sent.*, 29, 6 ; *De Perfectione*, XIII ; *Summa.*, II–II, 23, 5, et alibi.

（3） *Divus Iulius*, 67.

（4） Suetonius, *Divus Augustus*, 59.(『ローマ皇帝伝(上)』 国原吉之助訳、岩波文庫、一九八六年)。

（5） 例えば、Manegardus Lautenbacensis, *Ad Gebhardum liber.*, p. 365 ; McIlwain, 210 を見よ。他の著者については、Carlyle, III, 130ff. 上述の[49]を見よ。

(6)　第五章の注(3)を見よ。

(7)　V, 12 : 1315b 11-39.

(8)　上述の[52]を見よ。

(9)　「詩編」〔七六：一〇〕。

(10)　以下については、Aristoteles, *Pol.*, III, 14 : 1285a 24–29 参照。

(11)　「歴代誌下」〔一：一〇—一二〕。

第一一章

(1)　第一〇章。

第一二章

(1)　この整然とした原理は、当該問題におけるトマスの最終的な言葉として考えられるべきではない。*Summa.*, II–II, 47, 10–12(統治者の思慮について)の方法はこれとははっきりと異なっている。M.-D. Chenu, *Bull. Thom.*, VI, 576, n. 2.

(2)　Cf. Aristoteles, *Phys.*, VIII, 2 : 252b 26 ; St. Gregorius, *Homil. in Evang.*, II, 29(『福音書講話』): *PL.*, 76, 1214.「二つの異なった思想の流れ」、すなわち新プラトン主義的体系とアリストテレス的体系のなかに見られるこの観念の歴史については、Muller-Thym and Gilson 14ff. を見よ。

〔*The Establishment of the University of Being in the Doctrine of Meister Eckhart of Hochheim,* 1939〕。「トマスがこの観念を用いている数少ないケース(*In Phys.*, VIII, 4 ; *Summa.*, I, 96, 2 et al.)において、かれはその観念が次のような意味において受け取られるように望んでいる。すなわち、身体の各器官とその機能の使用の上に理性を通して働く神意は、神が世界のうちに働かせる摂理に喩えられるという意味においてである」。もし microcosmos(小さな世界)という観念が、魂が肉体のうちに存在するように、神は世界のうちに存在するということを意味するように拡大されるのならば、そのとき魂はもはやアリストテレス＝トマス的意味における肉体の形相ではないであろう。むしろそれはそれ自身で存在する独立的実体となるであろう。*Summa.*, I-II, 17, 8 in 2 および ad 2 ; *ibid.*, 110, 1 ad 2.

(3) 第一巻第一章、〔4〕。

(4) 上述の第一巻第九章、注(6)を見よ。

第一三章

(1) *In De Anima*, II, 7 : 318 ff ; *ibid.*, I, 14 : 206.

(2) 建設者、創造者という用語はヘレニズム時代の支配者たちの公的な称号の一つであった。Cicero (*Pro Marcello*, 27〔『マルケッルスのための感謝演説』山沢孝至訳、『キケロー選集2』岩波書店、二〇〇〇年〕)によれば、国家を新たに建設し、世界に平和と静穏を与えるのがカエサルの仕事であった。

（3） *Summa.*, I, 44, prol.

（4） 「創世記」〔一：一以下〕。

（5） 第二巻第一章、［124］を見よ。

（6） 第二巻第三章、［134］を見よ。

（7） 第二巻第四章、［143］を見よ。

（8） 第一巻第一章、［14］参照。

第一四章

（1） Aristoteles, *Metaph.*, Lambda 10 : 1075a 11 sqq. *In Met.*, XII, 12 : 2627.

（2） Aristoteles, *Pol.*, VII, 2 : 1324a 4 ; *ibid.*, 3 : 1325b 15, 31.

（3） Aristoteles, *Pol.*, I, 2 : 1252b 30 ; *ibid.*, III, 9 : 1280b 33. 以下のくだりの典拠は、Aristoteles, *Pol.*, III, 9 : 1280a 25–1281a 10. とくにスタゲイラ人〔アリストテレス〕に由来するものとしては（a）「有徳な生活」である「善き生活」の定義（1280b 5–10）、（b）奴隷と動物についての見解（1280a 32）、（c）物質的財貨の交換が社会、すなわち国家を作るのではない、という見解（1280a 25, b 23—アリストテレスのプラトン批判）である。

（4） *Summa.*, I-II, 98, 6 ad 2.

（5） Cf. *Summa*, I-II, 6 prol.

（6） Aristoteles, *Eth. Nic.*, I, 1 : 1094a 10. *In Eth.*, I, 1 : 16; *CG.*, III, 64 ; *ibid.*, 76, et alibi.

（7） 「ダニエル書」〔七：一四〕。

（8） 「ヨハネの黙示録」〔一：六、五：一〇、二〇：六〕。Cf. Gelasius, Tomus ; *PL.*, 59, 109A.

（9） Gelasius, *loc.cit.*; *Decret. Gratiani*, D. 96, c. 6.(『グラティアヌス教令集』)。

（10） Populus Christianus(キリスト教徒人民)、すなわち全キリスト教徒の制度的統一体であり、その長は「聖俗二権の頂点をともに占めている」教皇である。2 *Sent.*, 44, Exp. text.(VII, p. 106). トマスの政治思想のうちで最も重要なものであるこの観念は、ドミニコ会士であるパリのヨハネスによって一三〇二年に最初に批判された。*CG.*, 4, 76(VII, p. 105)とこのテクストのヨハネスの訂正(Appendix II, loc. cit. 本書では割愛)を見よ。

（11） Ps.-Cyrilus Alexandrinus : 〔Romano Pontifici〕 primates mundi tamquam ipsi Domino Iesu Christo obedient. テクストは C. Impugn. 3(IV, 29) ; 4 *Sent.*, 24, III, 2 sol. II ; C. Errores Graecorum(『ギリシア人の誤謬』)2(III, 324). この権威の出所である *liber Thesaurorum*(『宝典』)はトマスの同時代人で同僚であったボナクルシウス(Bonacursius)によって作られたギリシア教父のテクストの編纂書である(*Script. O. P.* I, 156, 159)。教義に関しては、2 *Sent.*, 44, Exp. text.(VIII, p. 106) ; 4 *Sent.*, 37, Exp. text. ; *CG.*, IV, 76〔VII, p. 105〕; *Summa*, II-II, 60, 6 ad 3 参照。この箇所の良き解釈はジルソンの、*Dante*, 183f, 206ff ; 〔*Dante the Philosopher*, 1948.〕同じく *La philos-

ophie au MA, 570ff.

（12）　前注（6）を見よ。

（13）　〔「レビ記」〔二六〕と「申命記」〔二八〕から明らかなように〕*In Ep. Ad Rom.*, IX, I : *Summa.*, I-II, 114, 10 in 1.

（14）　これはマニ教徒とワルド派によって説かれた。

（15）　Gregorius IX, *Decretales*（『教令集』）, I, 33, vi（C. Solitae Benignitatis）, Friedberg 197. のなかの聖書からの引用を見よ。

（16）　I, I, 9.

（17）　*De Bello Gallico*, VI, 13, 5.（『ガリア戦記』近山金次訳、岩波文庫、一九四二年）。

第一五章

（1）　*Summa.*, I-II, 96, 2.

（2）　Augustinus, *De Libero Arbitrio*, II, 19 : *PL.*, 32, 1268.（『自由意志』泉治典訳、『アウグスティヌス著作集3』教文館、一九八九年）。

（3）　Aristoteles, *Eth.Nic.*, I, 8 : 1099b I, 28. *In Eth.*, I, 14 : 173.

（4）　Cf. *CG.*, IV, 97 ; *De Potentia*, V, 5.

（1）［100］を見よ。

（2）*De Re Militari*（『軍事論』），IV, Prol.

（3）*In Pol.*, VII, 1 : 1357b 19. アリストテレスは同じ問題、すなわちいかなる種類の自然的特質を理想国家の構成員はもたねばならないかを語っている。

（4）Aristoteles, *Physics*, VII, 3 : 246b 4. *In Phys.*, VII, 5, iii ; *Summa.*, I-II, 49, 2 ad 1. 「アリストテレスよりずっと前から、たぶんヒッポクラテスよりも前から、火、空気、水、土の四元素と、熱、冷、湿、乾の四質に対応して、肉体の四主液、すなわち血液、粘液、黄胆汁、黒胆汁が存在するとされてきた。これら元素、質、体液という三組は置換と組み合わせによって、以下のような構成に基づく複合的な整序のシステムへと導かれた。すなわち、熱＋湿＝血液：熱＋乾＝黄胆汁：冷＋湿＝粘液：冷＋乾＝黒胆汁という構成であって、これらの異なった組み合わせにより病気がどのような性質のものかがわかり、また同じように薬の生理的作用がどのような性質のものかがわかる。この整序全体が〈体液病理学〉を構成しており、それによれば健康と病気はそれぞれ上述した異なる要素の適切な配合と不均衡とみなされるが、この構成の仕方はさらにガレノスとアラビアの医学者たちによって精緻なものにされた。かれらの治療法とそれに用いる薬はそれらのいくつかの質の「度合い」または相対的比率に応じて、数的等級に分類された。」(Garrison, 77

〔*An introduction to the History of Medicine*, 1917〕)。

(5) Aristoteles, *De Longitudine et Brevitate Vitae*, 1: 465a 7.(「長命と短命について」『自然学小論集』副島民雄訳、『アリストテレス全集6』岩波書店、一九六八年)。Cf. Albertus, *De Morte et Vita*, II, 1: Opera IX, 351; Id., *De Natura locorum*, II, 2ff.: *ibid.*, 560ff.

(6) Cf. Aristoteles, *Hist. Anim.*, VIII, 12: 596b 20ff.

(7) Aristoteles, *De Longit. et Brev. Vitae*, 5: 466a 20:「動物は生まれつき湿気があり、体温が高い。そして生きるということはまさにそういうことであるが、いっぽうで老人は乾燥し、体温が低い。……万物の体を構成している物質は……熱く、冷たく、乾燥しており、湿気のあるものである」。この理論の中世的表現については、Alfredus Sareshalensis, *De Mortu Cordis*, XIII, III; 64; St. Albertus, *De Morte et Vita*, II,4; IX, 357.

(8) ラテン語の naturale humidum. トマスの教えにおけるこの観念の神学的適用に関しては、4 *Sent.*, 49, I, II, III; *Summa.*, I, 119, 1.

(9) アルベルトゥス・マグヌスは *De Natura Locorum*, II, III: IX, 563 で同じ事実に言及している。

(10) *De Re Militari*, I, 2; この章はどのような領地から新兵が徴集されるべきかを扱っている。

(11) VII, 7: 1327b 23-32. 人びとの性格は異なる風土的条件によって異なるという見解は、すべての古代地理学者に共通である。

(12) アリストテレスは「とくにヨーロッパの民族は」と付け加えている。

(13) すなわち「アジアの民族」。

(14) すなわち「ギリシア人の民族は……もし一つの国制を定め〔て統一を成し遂げ〕たなら」。

第二章

(1) *De Architectura*(『建築論』), I, 4.〔129〕と〔130〕において多かれ少なかれ、括弧に入れられている引用文は、Vitruvius,' *Work*, l. c. からのものであることを示す〔Mandonnet 版ラテン語原典では、ここでの固有名詞はウィトルウィウス(Vitruvius)ではなく、ウェゲティウス(Vegetius)となっている。以下同様〕。

(2) ウィトルウィウスはいう。「あるいは、北と東の間」。

(3) Vitruvius, *loc. cit.*

(4) *Ibid.*, ウィトルウィウスはかれらの内臓の状態について語っている。

第三章

(1) Cf. Vitruvius, I, 5.

(2) *Op. cit.*, II prop.

(3) ディノクラテス(Dinocrates)はエジプトのアレクサンドリアの建設をアレクサンドロスに委託されたマケドニア人の建築家であった〔Mandonnet 版ラテン語原典では、ここでの固有名詞はディノクラテスではなく、クセノクラテス（Xenocrates）となっている。以下同様〕。

（4）アトス山のこと。ウィトルウィウスによれば、「私はこの山を人間の姿形に変え、その左手に非常に広大な都市の壁を、右手にその山のなかを流れるすべての川の水を受ける鉢を与えた」、とディノクラテスは語っている。

（5）Cf. Aristoteles, *Eth. Nic.*, I, 5 : 1097b 7–11. *In Eth.*, I, 9 : 114 ; *ibid.*, VIII, 6 : 1615, et alibi ; *Summa.*, II–II, 188, 8.

（6）ラテン語 maris discrimina.〔Mandonnet 版ラテン語原典では、diversa viarum discrimina となっている〕。

（7）V, 3 : 1303a 27 ; また VII, 6 : 1327a 13–15.

（8）Aristoteles, *Pol.*, I, 9 : 1257b 22 ; *Eth. Nic.*, I, 3 : 1096a 3. *In Pol.*, I, 7 および 8 ; *In Eth.*, I, 5 : 70–72 ; *Summa.*, I–II, 2,1 ; II–II, 77, 4. 商取引と商人についてのギリシアの評価に関しては、Newman I, 99ff, 特に 103, 105, 129〔*The Politics of Aristotle*, 4 vols, 1887–1902〕; 教父と中世の態度については、O'Brien 136ff.〔*An Essay on Mediaeval Economic Teaching*, 1920〕; Pirenne 109 ff.〔*Medieval Cities*, 1925.『中世都市』佐々木克巳訳、創文社、一九七〇年〕

（9）Cf. Vegetius, *De Re Militari*, I, 3 :「田舎の人びとのほうが、野外で育ち、きつい仕事に慣れているので、兵役に適しているということ以外になんの問題もないと私は確信している。というのもかれらは太陽に晒されているのに慣れているので、日陰を求めず、楽しみや上品さも知らず、単純で、些細なことで満足しているからだ。かれらの手足はあらゆる労苦に耐えて堅くなっており、鎖帷子を運んだり、溝を掘ったり、荷物を持ち上げたりすることに慣れている」。

（10） *Codex Iustiniani*, I, 12, 34 : Negotiatores ne militent.

（11） *Pol.*, VI, 4 : 1318b 9–15. ムールベケのグイレルムスはこのくだりをこう訳した。“optimus enim populus, qui terrae cultivus est…ubi vivit multitudo ab agricultura vel pascuis…Non vacans, ut non saepe congregationes faciat. Propterea…aliena non concupiscunt, sed delectabilius est ipsis laborare quam politizare et principari”(Susemihl 466f.) トマスは congregationes facere という言葉を間違って理解し、「都市の壁の内側にいる人びとの集まりと住居」を意味するものと解釈した。しかし、アリストテレスは「民会」のことを言っていた。

第四章

（1） Aristoteles, *Eth. Nic.*, VI, 5 : 1140b 11–21. *In Eth.*, VI, 4 : 1169f.

（2） *De Re Militari*, I, 3.

（3） ラテン語 ut animi hominum recreentur.

（4） Aristoteles, *Eth. Nic.*, III, 11 : 1119a.

《訳者解説》
トマス・アクィナスと西欧における〈君主の鑑〉の伝統

ここに訳出したトマス・アクィナスの『君主の統治について――謹んでキプロス王に捧げる』と題する短い著作が西欧文学の歴史においていわゆる〈君主の鑑〉と呼ばれるジャンルに属するものであることはよく知られている。かつてフランスの高名な中世哲学史家であるシュヌー神父(M.-D. Chenu)がこの書物について評した言葉はまことに正鵠を射たものといえよう。いわく、「この書は、政治理論の体系的な著作というのではなく、君主のための教育的、道徳的論文である」(*Bulletin Thomiste*, II, 1927–1929, no. 297, p. 334)。

シュヌーの論評は確かにトマスの君主論の本質を正しくいい当てているが、そのことをきちんと知るために、まずは〈君主の鑑〉なる一連の書物がいったいいかなる性格をもったものなのかを振り返っておきたい。

I　文学ジャンルとしての〈君主の鑑〉

〈君主の鑑〉に、何か一般的特質とでもいいうるものがあるとすれば、それはどのようなものだろうか。これに関して、以前、訳者は以下のように考えたことがある。

「あるべき理想の君主の姿を鑑(鏡)に映し出してみせる書物たる〈君主の鑑〉は、君主に対してかれがどうあるべきか、あるいはどうあるべきでないかを指し示し、そうすることによってこの鏡を覗き込む君主に、君主としての〈手本〉や〈模範〉、〈モデル〉、さらに〈戒め(教訓)〉を与えるものであった。ここには、模範となる理想の人物像は時と場所の違いにかかわりなく、つねに厳然と存在するのであり、またそうであるからこそ、その人物を映しだしている鏡を覗き込む者にとって〈反省と修養のモデル〉となるという考え方が潜んでいる。そういう考え方は人間や世界に対する固定的イメージの介在なしにはとうてい成り立たないものであろう。この世がいつかは崩壊するかもしれないとか、そこまでではないにしても人びとの安定的な意識に根底からの揺さぶりをかけるような激しい社会変動や、そのなかでもみくちゃにされていく人間性の変化が恒常的にみられるといった時代状況においては、けっしてありえないはずである」(『獨協法学』第二七号、一九八八年)。

私はいまもこの考え方を基本的に変更する必要はないと思っている。すなわち、「あるべき理想の君主の姿を鑑(鏡)に映し出してみせる書物」である〈君主の鑑〉に属するとされる数多くの作品群は圧倒的に西欧のキリスト教中世に書かれたものであるが、その「中世」という時代はその後に来る「近代」という時代と比べると、相対的な安定性(停滞性)を特徴としていることは否定できない(もちろん、近年の隆盛をきわめる中世研究が明らかにしているように、中世はけっして無変動な時代ではないことを十分に知ったうえでいうのだが)。そして、そのような安定的な歴史背景ないしは土壌なしにはやはり〈君主の鑑〉は成立しえなかったということである。

そう考えれば、あの有名なマキアヴェッリの『君主論』(一五三二年)が次のような明確な意図をもって執筆されている理由もおのずから分かるだろう。マキアヴェッリはこう述べている。

「私の意図は一貫して、耳を傾ける者には役立ちそうな事態を書き記すことであったから、事態をめぐる想像よりも、その実際の真実に即して書き進めてゆくほうが、より適切であろうと私には思われた。そして多勢の人びとがいままで見た例《ためし》もなく真に存在すると知っていたわけでもない共和政体や君主政体のことを、想像し論じてきた。なぜならば、いかに人がいま生きているのかと、いかに人が生きるべきなのかとのあいだには、非常な隔たりがあるので、なすべきことを重んずるあまりに、いまなされていることを軽んずる者は、みずからの存続よりも、むしろ破滅を学んでいるのだから。なぜならば、すべての面において善い活動をしたいと願う人間は、たくさんの善からぬ者たちのあいだにあって破滅するしかないのだから。そこで必要なのは、君主がみずからの地位を保持したければ、善からぬ者にもなり得るわざを身につけ、必要に応じてそれを使ったり使わなかったりすることだ」(『君主論』河島英昭訳、岩波文庫、第一五章、一九九八年)。

イタリア・ルネサンスという激しく、荒々しい歴史の大転換期のただなかにいたマキアヴェッリにとっては、退屈な「徳の統治」の勧めである伝統的な君主論、つまり相も変わらず人格の高潔性を説いて倦むことのない〈君主の鑑〉などナンセンスの極みだったのであろう。いま確認したいのは、要するに、〈君主の鑑〉という総称で呼ばれる一連の書物が盛んに書かれたのは、近代以前、とりわけ西欧中世という時代であるということである。

さて、中世独特の文学ジャンルであるこの〈君主の鑑〉――〈羅〉speculum regis / principis,〈独〉Fürstenspiegel,〈仏〉miroir aux princes,〈英〉mirror of princes――は、あるべき理想の君主像を描くことによって現実の君主の教育を意図するものである。その中には実際に「鑑（鏡）」(speculum)という言葉を表題にもつものもあるが、より一般的にはDe Eruditione PrincipumとかDe Institutione PrincipumあるいはDe Regimine Principumというように、「教養」(eruditio)、「教育」(institutio)あるいは「舵取り・指揮（統治）」(regimen)という言葉を表題に冠するのが普通である。

歴史的にみると、この種の書物は非常に古くから書かれており、古代では既にギリシア、ビザンツにおいて、キュロスの若き王子に宛てたイソクラテスの『ニコクレスに与う』(小池澄夫訳『イソクラテス　弁論集I』京都大学学術出版会、一九九八年)やクセノフォンがペルシアの大王に捧げた『キュロスの教育』(松本仁助訳『クセノポン　キュロスの教育』京都大学学術出版会、二〇〇四年)、あるいはヨアンネス・クリュソストモスの『王の支配』などが、またローマでは、キケロの『国家について』(岡道男訳『キケロー選集8』岩波書店、一九九九年)や『法律について』(同『キケロー選集8』)、『義務について』(泉井久之助訳、岩波文庫、一九六一年、高橋宏幸訳『キケロー選集9』一九九九年)のなかの議論、セネカの『寛容について』(小川正廣訳「寛恕について」、『セネカ哲学全集2 倫理論集Ⅱ』岩波書店、二〇〇六年)などの著作が代表的なものとして挙げられる。しかしこの〈君主の鑑〉の伝統は通常は、なんといってもアウグスティヌスの『神の国』(四一三―四二七年)第五巻第二四章「キリスト教徒皇帝の幸福とは何か」の一節から始まるとみなすのが定説である。本書でトマスもその一節を忘れずに引用している(第八章[64])が、それは次のような内容である。少し長いが大事な箇所なので、以下に全文をあえて引用しておこう。

「じっさい、わたしたちはキリスト教徒の皇帝のあるものを幸福とよぶけれども、しかしそれは、かれらが長いあいだ帝位にあったり、平穏に死んだのち、あとに残った息子が帝位をついだり、国家の敵を平らげたり、あるいは、自分に敵意をもって手向う市民を警戒して屈服させることができたからではない。これらの、またその他の、この辛苦に満ちた世の賜物や慰藉は、幸福とよばれる皇帝が属している神の国に属していないダエモンの崇拝者たちも、受けるに価したものである。そしてこのことは、他ならぬ神の慈悲によってなされたのであるが、それは、神を信じるものなら、そのようなことを最高善として神から求めないためにである。わたしたちが幸福とよぶのは、このような皇帝ではなくて、つぎのようなものである。すなわち、正しい統治をしたもの、敬々しく尊敬する人びとのへつらいのことばと卑屈なほどにあがめたてまつる人びとの従順にもかかわらず思いあがらないもの、神の崇拝をできるだけ弘めるために、その権力を神の威厳の僕となすところのもの、神をおそれ、愛し、崇拝するところのもの、そこに仲間がいることをおそれないあの国を地上の国よりも愛するところのもの、なかなか罰せずにすぐにゆるすところのもの、同じ罰するにしても、国家を治め守る必要からして、敵意と憎悪を満足させるためにしないもの、同じゆるすにしても、不義を罰せずにすますのではなく、改善を期待してそれを認めるもの、たいてい、その必要にせまられて定めた峻厳なことを慈悲のやさしさと恩恵の豊かさによってうめあわせするところのもの、自由にふるまえるほど、ますますその放縦をいましめるもの、どの諸族をも支配することよりも、邪悪な欲望を支配しようとし、しかもそのことを、空虚な栄誉の熱望によってではなく、永遠の幸福の愛によってなすところのもの、そして自分の罪のために、謙虚と慈悲と祈願との供物を捧げることをおこたらないところのもの――このようなキリスト教徒の皇帝こそ、わたしたちは、いまは希望において、またのちには、わたしたちが期待しているところのものが成就するときには、現実に幸福であるというのである」(『神の国(一)』服部英次郎訳、岩波文庫、第五巻第二四章、一九八二年)。

この発言に余計な解説は不要であろう。アウグスティヌスの死後やがて西欧世界が文字どおりキリスト教化されたラテン中世として自己展開していくと、この「最大のラテン教父」、「中世カトリシズムの父」の教えはこの世界の正統思想となる。そしてキリスト教会とカール大帝(シャルルマーニュ)のフランク王国との提携を通して西欧世界が東ローマ(ビザンツ)から自立して、一個の独自な歴史的個体となるカロリング時代には、アウグスティヌスの影響のもとに、そしてかれの右の言葉を絶対的な典拠として、まとまった数の同種の書物が書かれ、以後実に膨大な量の作品が産み出されていくことになる(例えば、主なものだけを挙げれば、サン＝ミイェルの修道院長スマラグドゥスの『王の道』、オルレアンの司教ヨナスの『王の教育について』〔三上茂訳『中世思想原典集成6 カロリング・ルネサンス』平凡社、一九九二年〕、アイルランド出身の宮廷人セドゥリウス・スコトゥスの『キリスト教徒の君主について』、ランスの大司教ヒンクマルスの『王の人格と王の職務について』など)。

ところで、〈君主の鑑〉は西欧政治思想史研究のうえでまことに重要な史料であるとともに、それ自身が不可欠なトポスであるにもかかわらず、意外なことにそれを専門に扱った基本文献がきわめて少ないことに気づく。その最初の試みは二十世紀の二〇—三〇年代に集中していて、L・K・ボーン(Lester K. Born, "The Perfect Prince: A Study in

Thirteenth-and Fourteenth- Century Ideals," *Speculum*, vol. III, 1928, pp. 470-504. ; "Erasmus on political Ethics," *Political Science Quartarly*, vol. XLIII, no. 4, 1928, pp. 520-543. ; "The Specula Principis on the Carolingian Renaissance," *Revue Berge de Philologie et d' Histoire*, vol. XII, 1933, pp. 583-612. ; "The Perfect Prince according to the latin Panegyrists," *American Journal of Philology*, vol. LV, no. 217, 1934, pp. 20-35.）、W・ベルゲス（Wilhelm Berges, *Die Fürstenspiegel des hohen und spaten Mittelalters*, 1938）、A・スタイナー（Arpad Steiner, "Guillaume Perrault and Vincent of Beauvais," *Speculum*, vol. VIII, 1933, pp. 51-58）、F・ギルバート（Felix Gilbert, "The Humanist Concept of the Prince and the Prince of Machiavelli," *The Journal of Modern History*, vol. XI, no. 4, 1939, pp. 449-483）といった学者たちに代表されるものである。カロリング時代の〈君主の鑑〉を扱ったH・H・アントンの研究書が公にされるのは、それから一世代経過した六〇年代の終わりである（Hans Hubert Anton, *Fürstenspiegel und Herrscherethos in der Karolingerzeit*, 1968）。この一九二〇—三〇年代に〈君主の鑑〉に関する研究が比較的まとまった形で世に出ているという事実に何か意味があるのだろうか。訳者などはその年代がファシズム期に重なっている点からいって、そこに右の研究者たちが共通に抱く超学問的契機（独裁政治批判）が隠されているのではないかと秘かに想像

してみるのだが。

ここで留意しておきたいのは、これらの研究書を通してみても、〈君主の鑑〉という名称で一括される、中世のおびただしい数の君主論についての、明快で一義的な定義を得るにはいたらないということである。例えば、前記ボーン（*Political Science Quartarly*, vol. XLIII, no. 4, 1928, pp. 540-543）とベルゲス（1938, pp. 291-356）はともにその論稿のなかに〈君主の鑑〉の範疇に入るものとかれらが判断する作品の膨大なリストを挙げているが、それを見て、いかにこの種の書物が中世において数多く書かれているかをあらためて知らされはしても、そこにそれ以上の概念定義に関する核心に迫る知見が披瀝されているわけではない。そうであれば、政治学や政治思想史の主だった事典類を試みに当たってみても、〈君主の鑑〉なる単独の項目を目にすることがほとんどない事実は、さして驚くに価しないであろう。

では、何故にそうした研究の未開拓という事態が生じているのか。この点に関して、さしあたり二つのことが指摘できよう。一つは、きわめて単純なことであるが、なんといっても、このジャンルに属する作品の量が膨大すぎて、いまだ写本のままに放置されているのが実情だということである。そしてもう一つは、そもそもこの種の著作がいくつかの例外を除けば、おしなべてステロタイプであって、具体的な政治生活とは無縁の、陳腐な宗教的観念の産物にすぎないというア・プリオリな判断が、近・現代の研究者たちの胸中を支配してきたということである。確かに、〈君主の鑑〉に盛り込まれているさまざまな内容は近代的観点からみればいかにも古臭く、退屈な議論の寄せ集めであって、政治の現実との緊張関係を欠いた、単なる名君たる資格についての抹香臭いキリスト教的指針や道徳的訓戒の羅列にすぎないようにみえる。その意味で、右に引用した発言から容易に察知できるように、マキアヴェッリの影響力は絶大であって、近代の政治思想史学者の多くはかれの忠実な同伴者といってもよいかもしれない。

では、西欧中世に盛んに執筆された〈君主の鑑〉なる書物群の独自な特質とはいかなるものか。

〈君主の鑑〉が、あるべき理想の君主の姿を文字通り鑑（鏡）に映し出すようにして現実の君主に指し示し、そのことによって君主になんらかの影響を与えようとする君主教育の書であるのは再三指摘してきたとおりである。西欧中世では、この教育的意図は必然的にキリスト教的原理に基づいていたわけであるが、これらの書物を執筆した著者たち（主として聖職者、教会人）がそこで用いた主題や題材はもっぱら聖書、とりわけ旧約聖書から引き出された。そして、それとともに、それは十二世紀ルネサンスの古典復興において顕著となるように、古典古代の異教の教えも用いられた。このルネサンスを代表する知識人の一人ソールズベリのジョン(ヨハネス)の『ポリクラティクス』(一一五九年)はその典型的作品である。つまり、容易に了解しうるように、〈君主の鑑〉の中心的議論は君主という一人の支配者による統治のシステムや枠組み(制度としての君主制)、あるいは広く政治社会(国家)のあり方の問題にあるのではなく、統治を司る一個人としての君主の道徳的・人格的なありようの問題にもっぱら焦点が絞られるのである。〈君主の鑑〉という項目を珍しく扱った例外的なものとして『中世事典』でのP・エーベルレの記述(Patricia J. Eberle, "Mirror of Princes," in *Dictionary of the Middle Ages*, vol. VIII, 1987, pp. 434-436)があるが、そこで彼女は「君主制を統治の所与の形態とみなし、善き統治は道徳的に正しい人間の支配から生まれると考えられている」点に、中世の〈君主の鑑〉の特徴をみている。言い換えれば、それは臣民に対して最良の道徳的模範となるような高潔な人格の持ち主こそが最良の君主であり、そうした君主のもとで初めて最良の統治が可能となるとする「徳の統治」の思想である。そのための政治教育の書、それが〈君主の鑑〉にほかならない。

したがって、いかにしたら君主はうまく人民を支配できるか、という支配の巧拙を論じる支配術の議論は、ここでは基本的に存在しない。そうした議論がはっきりとなされるようになるのは、いうまでもなく、イタリア・ルネサンス期のマキアヴェッリにおいてということになる。かれの言葉を一つだけまた引用しておく。

「したがって、君主たる者に必要なのは、先に列挙した資質のすべてを現実に備えていることではなくて、それらを身につけているかのように見せかけることだ。いや、私としては敢えて言っておこう。すなわち、それらを身につけてつねに実践するのは有害だが、身につけているようなふりをするのは有益である、と。たとえば見るからに慈悲ぶかく、信義を守り、人間的で、誠実で、信心ぶかく、しかも実際にそうであることは、有益である。だが、そうでないことが必要になったときには、あなたはその逆になる方法を心得ていて、なおかつそれが実行できるような心構えを、あらかじめ整えておかねばならない。そして誰しも人は次のことを理解しておく必要がある。すなわち、君主たる者は、わけても新しい君主は、政体を保持するために、時に応じて信義に背き、慈悲心に背き、人間性に背き、宗教に背いて行動することが必要なので、人間を善良な存在と呼ぶための事項を何もかも守るわけにはいかない。またそれゆえにかれは、運命の風向きや事態の変化が命ずるままに、おのれの行動様式を転換させる心構えを持ち、先に私が言ったごとく、可能な限り、善から離れることなく、しかも必要とあれば、断固として悪のなかへも入っていくすべを知らねばならない」(『君主論』第一八章)。

ここにでてくる「慈悲ぶかさ」、「信義を守ること」、「人間的であること」、「誠実さ」、「信心ぶかさ」などの徳性(virtus)はすべて、ルネサンス人マキアヴェッリにとっては、もはや君主の体得すべき絶対不可欠なものではなくなった。それらに代わってかれが君主に説いたのは、状況と必要に応じていかようにも対処しうる力量(virtu)――例えば、ライオンの強大さと狐の狡猾さを併せもつこと(第一八章)、運命の女神に翻弄されず、かえって彼女を力ずくで征服する青年の覇気(第二五章)など――であるが、〈君主の鑑〉の説いてやまないのはまさにマキアヴェッリによって否定された伝統的な徳性なのである。

II 〈君主の鑑〉の伝統と革新――ソールズベリのジョン『ポリクラティクス』

トマス・アクィナスの『君主の統治について』の解説に入る前に、八―九世紀のカロリング時代に書かれた〈君主の鑑〉の諸作品の特徴と、その伝統を踏襲しながらもこのジャンルの革新を図ったと思われる十二世紀ルネサンスにおける最大の〈君主の鑑〉とされるソールズベリのジョンの『ポリクラティクス』について、若干述べておきたい。トマスの『君主の統治について』を理解するのには、それをまず「歴史の相の下に」位置づけておくことが必要だと思うからである（以下、カロリング期およびソールズベリのジョンの思想について一層詳しくは、柴田平三郎『中世の春――ソールズベリのジョンの思想世界』慶應義塾大学出版会、二〇〇二年を参照されたい。ジョンについては最近次の一書が刊行された。併せて参照されたい。甚野尚志『十二世紀ルネサンスの精神――ソールズベリのジョンの思想構造』知泉書館、二〇〇九年）。

さて、話を改めて、出発点であるアウグスティヌスに戻してみよう。アウグスティヌスから〈君主の鑑〉の成立をみるカロリング時代まで、どのような内的展開がこのジャンルにみられるのだろうか。

周知のように、アウグスティヌスの『神の国』が書かれたのは、古典古代の終焉の時期、つまり有限な地上的価値の象徴と化していたローマ帝国（西ローマ）のまさに崩壊期であった。この未曾有の破局のただなかで、かれは『神の国』を実に一四年間にわたって書き続けたが、そこでは「この世」は「神の国」と「地の国」というまったく相反する二つの原理の闘いの場と捉えられた。したがって、先に見た「キリスト教徒皇帝」への勧告(第五巻第二四章「キリスト教徒皇帝の幸福とは何か」)もこの終末論的な二つの国の闘争という枠組みのなかで語られており、世俗支配者(キリスト教徒皇帝)のもつべき心得と、その職務について言及する場合の強調点は「現世」の内部にではなく、そこを超えたところにある真の幸福、真の価値に置かれていたのである。

このような「神の国」と「地の国」との緊迫した関係や現世超越的な志向が弱められるのは、西ローマ世界がゲルマンの新しい諸勢力、とりわけメロヴィング朝を開いたクローヴィスとカトリック教会との提携によって一応の安定と秩序を回復することとなる状況と同時並行的である。この二つの勢力(「教会」と「国家」)の提携によって西欧世界は皇帝教皇主義に立つ東ローマ(ビザンツ)とは異なる世界統治の新しい形態――いわゆる「教会」と「国家」の二中心的・楕円的統一＝キリスト教共同体(res publica Christiana)――への道をとり始めるが(クローヴィスのメロヴィング朝からカール大帝のカロリング朝において完成をみる)、こういう時代に登場するのが教皇グレゴリウス一世(在位五九〇―六〇四年)である。「神に選ばれた執政官」といわれるこの教皇が書いた『司牧規則書』や『道徳論（ヨブ記講解）』をひもとくと、そこで説かれている霊的指導者のもつべき心得がそのまま世俗支配者のもつべきそれと重なり合っているのを知ることができる。例えば、在俗司祭のための生活行動指針として執筆され、後に全中世を通じてその標準的教科書として広く愛読されることとなる『司牧規則書』では、グレゴリウスは「在俗司祭」のことを「統治者」と呼び、その「司牧活動」を「統治活動」とみなしているのである。「統治者は謙遜において善き生活を生きる人びとの友であるべきであり、悪人に対して厳しく対処すべきである。かれは善人に対して我を張るべきでないが、邪悪な人間の罪が要求するときには、かれの最高権力を断固として振るうべきである」（*Liber Regulae Pastoralis*, II, 6）。

グレゴリウスにあって、霊的統治と世俗的統治との間に区別が設けられていないことは明白である。それればかりではない。かれにあっては「司牧者」は「統治者」であり、その統治者は聖書に語られている「羊の群れ」を導く「羊飼い」を模範として論じられる。

「統治者はその行動において模範的でなければならない。その生活態度によって、かれはかれの服従者に対して生活のあり方を指し示さねばならない。羊の群れは羊飼いの教えと行動にしたがい、言葉よりもむしろ例を通してより善い生活態度を推し進めることができる。それゆえ、上長はみな自分自身のうちに自分の地位の権力をではなく、かれらの本性的な平等性をみるべきである。人を支配することにではなく、人に仕えることに喜びを見出すべきだ。なぜならば、古代の父祖たちは人びとの王ではなく、羊飼いだったと記されているからだ」(*ibid.*, II, 3-6)。

「人を支配すること」にではなく、「人に仕えること」に喜びをみいだすべき「羊飼い」としての「王」というイメージがアウグスティヌスの『神の国』第一九巻の議論に多くを負っているのは歴然としている。と同時に、いやそれ以上に、この同じイメージが『司牧規則書』に先立つ六〇年ほど前に最終的に完成されていた『聖ベネディクトゥス修道規則(戒律)』に強調されている「修道院長」のそれと二重写しになっているのである。

「修道院長はひとたび任命されたならば、自分はいかなる任務を引き受けたか、管理報告を誰に提出すべきか、をつねに念頭に入れておかねばならない。またその務めは人を支配することよりはむしろ人に仕えることであるのを知らねばならない」(*Regula Sancti Benedicti*, cap. 64)。

この『聖ベネディクトゥス修道規則』の言葉の意味はけっして小さいものではありえない。グレゴリウスはこの修道規則をつよく意識して『司牧規則書』を書いたのであるが、『修道規則』が世俗社会の外側にいる修道士のための修道生活規則であるのに対して、『司牧規則書』は世俗社会の内側で司牧活動をおこなう聖職者（在俗司祭）のための生活便覧にほかならなかった。そして、右にみたように、かれは人の上に立ち、人を統治する者の模範とすべき理想のイメージを「人を支配すること」にではなく、「人に仕えること」に心を砕く「司牧者」のそれとして描いたが、そこに霊的統治と世俗的統治の区別は見られず、むしろ霊的指導者のもつべき心得はそのまま世俗的統治者のそれとして説かれているのである。

キリスト教との深い提携関係によって西欧世界に大規模な「洗礼」を施し、「フランク人全体の再生・再興」（Walter Ullmann, *The Carolingian Renaissance and Idea of Kingship*, 1969, pp. 6 ff.）を図ろうとしたカール大帝の文化政策＝カロリング・ルネサンスのなかで産みだされた作品の主だったものについては、先に挙げたが、ここであらためてそれらの主要な特徴を確認しておこう。

まず指摘しておかねばならないのは、それら作品の表題である。「道」（スマラグドゥス

『王の道』*Via Regia*)、「教育」(オルレアンのヨナス『王の教育について』*De Institutione Regia*)、「人格」(ランスのヒンクマルス『王の人格と王の職務について』*De Regis Persona et Regio Ministerio*)といったタームが用いられている。ここに〈君主の鑑〉の文字どおり教育的な性格、つまり人の上に立って、人を導く君主に対してその徳目を指し示す政治教育の書という性格が端的に表れている。そして、その教育の中核となる原理がキリスト教の教えであり、ほかならぬ「キリスト教君主」の教育がその目的というわけであるが、この点でセドゥリウス・スコトゥスの著作が『キリスト教徒の君主について』(*De Rectoribus Christianis*)となっているのは偶然ではない。この作品の一節を引用してみよう。

「善い支配者は自分が神によって任命されたという認識があるので、かれは自分が神と人びとの前でどうしたらすべてのものを正義の尺度にしたがって秩序正しく配置し配慮できるかを心からの敬虔さをもって気遣っている。なぜならキリスト教徒の人民の支配者は全能者の下僕以外の何者であろうか。自分の主人や主君の命令に心からしたがう下僕は満たされており、誠実である。だから最も敬虔で最もよく知られた君主は民の主君や王と呼ばれるよりも、いと高き者の下僕であり奴隷であると呼ばれ、実際にそうであることのほうがよりいっそう名誉なことと感じるのである」(*De Rectoribus Christianis*, I,

CIII, col. 293)。

こうしたキリスト教的な「敬虔」や「謙遜」、「奉仕」の観念に貫かれた基調はカロリング期の〈君主の鑑〉全体に共通して流れているものである。このことは「ヨーロッパの王にして父」、「キリスト教人民の支配者」たるカール大帝の強力なリーダーシップのもとに推し進められたカロリング・ルネサンスの当然の反映といえる。この「ルネサンス」が意図していたのは「キリスト教によるフランク人全体の再生、革新」であり、「キリスト教社会」の建設であったが、注目されるのはこの時期、「教会」(ecclesia)という言葉は「キリスト教社会」(societas Christiana)という包括的意味をもっていたことである。それだけにいっそうこの新しく再生されたキリスト教社会に適合する「キリスト教君主」の理想的なモデルを確立すること、それが時代の政治思想的要請だったのである。カロリング期に輩出した一連の〈君主の鑑〉は、まさにこういう時代の要請に応えようとする新しいスタイルと内容をもった政治文献にほかならない。

では、この新しいスタイルと内容とはどのようなものなのか。約言すれば、キリスト教社会のうちにあってその社会の秩序(ordo)と平和(pax)を担うに足る君主の条件をその政治的能力においてというよりはむしろ、もっぱらその人格(persona)のありように求め、しかもそのあるべき理想の支配者像を社会の生きた現実からではなく、あくまでも遠い固定的な過去の書物から、つまり旧約聖書と教父の文献から引き出したものといえる。

それをこの時期の「最初の君主の鑑」(L. K. Born, *op. cit.*, 1933, p. 592)といわれるスマラグドゥスの『王の道』を例にとって見てみよう(この表題自体が旧約聖書の「民数記」からとられている)。

「イスラエル人は、アモリ人の王シホンに使者を遣わして、次のようにいった。「あなたの領内を通過させてください。道をそれて畑やぶどう畑に入ったり、井戸の水を飲んだりしません。あなたの国境を越えるまで〈王の道〉を通ります。」(「民数記」第二〇章第一七節)。こういうわけで、いと高き王よ、あなたが至福にも約束の天上の祖国への道を旅するのなら、王の道が熱心に捜し求められるべきである。なぜなら地上の王はその道に沿って恵みのうちに天の王国へと向かうべきだからである」(*Via Regia*, col. 934)。

いまこの作品の内容に関して詳しい紹介は割愛する。ただモーセ五書の一つ、「民数記」が、シナイ山を出て約束の地カナンを目指して荒野の旅を四〇年間続けるイスラエルの苦難の歴史を描いた物語であること、そしてその物語が著者にとってはカロリングの君主(スマラグドゥスがこの書を献呈した相手はカール大帝、一説によるとルイ敬虔王)に対する統治者の心得を指し示す格好の材料として選択されていることを確認しておきたい。そのうえで注目すべきは、この作品が単に表題にとどまらず、聖書からの引用に満ち満ちているということである。例えば、全体で二二章からなるこの書の最終章は「祈りについて」というテーマであるが、これをミーニュ版のテクストで見てみると、全部で三四行からなっている。そしてそのうちの実に二四行が聖書の引用──「詩編」、「箴言」、「シラ書(集会の書)」、「マタイによる福音書」、「ルカによる福音書」、「ローマの信徒への手紙」、「ヤコブの手紙」、「エフェソの信徒への手紙」──で埋め尽くされており、地の文はたったの一〇行にすぎない。このような圧倒的な聖書の引用度を目の当たりにすると、あらためて『王の道』が全編これ聖書によって武装された王のための統治の心得であることを痛感させられる。その場合、新約よりも旧約、わけてもそのうち「詩編」、「箴言」、「シラ書」が多く引用されているのが特徴であるが、このことは同書で著者があるべき模範的な君主像として描いているのが、何よりもダビデやソロモン、ヨシュア、モーセといった旧約の王や指導者であることを示している。それがどんな趣で叙述されているかを確認するために、一節を引用しておこう。

「もし神があなたのことを思い、あなたを高く上げ、あなたに栄光を与えることを望むなら、神の前でへりくだりなさい。……まさにこのような謙遜な王の道を歩みながら、緋色の衣をまとい、王冠を被った、いと逞しき王にして司祭たるダビデ王は次のように力強く呼びかけているのだ。「深い淵の底から、主よ、あなたを呼びます。／主よ、この声を聞き取ってください。／嘆き祈るわたしの声に耳を傾けてください」(「詩編」第一三〇編一―二)。

ヨブはいっている。「私は見えない人の目となり、／歩けない人の足となった」(「ヨブ記」第二九章第一五節)……かくてこのような王国がまさに有徳な国であると、ソロモン王は認めている。いわく「弱い人にも忠実な裁きをする王／その王座はとこしえに堅く立つ」(「箴言」第二九章第一四節)。だから王よ、あなたの王座が神によって確固たるものにされるのを望むなら、貧しい人や孤児を赦すのをためらってはならない。寡婦や抑圧された者を助けることを躊躇してはならない。異邦人や見捨てられた者を守るのをやめてはならない」(*ibid.*, IX. col. 949. 引用は新共同訳による)。

このように、『王の道』が説いているのは支配者の政治的力量や能力、その支配の技術の巧拙ではない。そうではなく、およそ人の上に立って、人を統治する地位にある者のつねに備えていなければならない道徳的条件や人格的資質、一言でいうならばその人間性なのである。それを著者は主としてダビデやソロモンのような旧約の王たちをモデルにして語っているわけであるが、そこに窺われるのは統治の理想を日々の現実を遠く超えた不変的地平で、しかもそれを絶対的、永遠的なものとして捉えようとする傾向性である。『王の道』はその意味でまさしく聖書という不変的・普遍的書物のなかに封印されている不動の統治者のあるべき姿を鏡に映し出して現実の王に反省を迫ろうとする政治教育の書、つまり〈君主の鑑〉の雛形にほかならない。

ここでは『王の道』だけを紹介したが、この作品に認められる特色はカロリング期の他の著作全般に等しく確認できることである。最後に、このテーマの研究の草分けの一人、L・K・ボーンの言葉を引いて、総括としよう。

「結論のいくつかは明らかである。すなわち、そこにはオリジナリティーが存在しない。主要な議論はほとんどつねに聖書か教父たちからの大量の引用で支えられている。方法や題目でさえほとんど同一のものである。あらゆる作品が特定の君主のために執筆されており、その多くは特定の求めに応じてでき上がったものである。厳密な意味では経済問題や教育に関してはほとんどスペースが与えられていない。それらのいずれもずっと後の時代に強調されることになる。他方において、教会と国家の問題、神権の理論が主要な位置を占めている。この時代は過去に反響するとともに、未来を予知している」(L. K. Born, *op. cit.*, 1933, p. 610)。

さて、時代は一気に十二世紀に飛ぶ。カロリング時代からこの世紀の間に〈君主の鑑〉に属する作品が残されていないわけではないが(例えば、十一世紀にオスティアの司教だった有名なペトルス・ダミアニの『邪悪な者たちに対する君主の義務について』などは看過できない)、全中世を通じて最大の〈君主の鑑〉といえば、ソールズベリのジョンによって十二世紀に書かれた『ポリクラティクス』であろう。したがって、トマスの『君主の統治について』に入る前の予備作業として、この著作に関する一定の知識を得ておくのは大切なことである。

「アウグスティヌス以後に書かれた中世における最初の政治理論書」、「十二世紀中葉の教養思潮の百科全書」(R. L. Poole, *Illustrations of the History of Medieval Thought in the Developments of Theology and Ecclesiastical Politics*, 1884, p. 218)といわれる『ポリクラティクス』の主題はまことに多岐にわたっている。この作品は名のみ高く、その実ほとんど読まれていない書物の典型である。その理由の一つに、それが一巻の本としてはなかなかに大部の書だということがあるかもしれない(全八巻全一六六章)。現代語訳はいくつか出ているが、英語版に限っていっても、それらはいずれも抄訳である。そのうちの最新版であるC・ニーダーマンの訳書に付けられた、訳者による「序論」(一九九〇年)はとくに一九八〇年代以降の研究水準を知るのにきわめて有用であるが、そのなかの一節はこの書物の紹介として非常に優れている。

「ソールズベリのジョンの『ポリクラティクス——宮廷人の愚行と哲学者の足跡について』は、ラテン中世において書かれた最初の広範囲にわたる政治理論書と一般に認められている。約二五万字からなる『ポリクラティクス』はしかしながら、単なる理論的な政治論文以上のものである。それは道徳神学の書であり、風刺の書、思弁哲学書、訴訟手続きの書、自己慰撫の書、聖書注釈書であり、そして深い個人的瞑想の書でもある。要するに、『ポリクラティクス』は十二世紀のヨーロッパの最も学識ある宮廷官僚の一人の哲学的回想録なのである。『ポリクラティクス』という題名はギリシア語を模した新造語であって、その著作の政治的内容を捉えると同時に、古典の学問と教養の意味を伝えるためにジョンによって考案されたもののように思われる」(Cary Nederman, "Editor's introduction," in idem (ed. and trans.), *Policraticus*, Cambridge UP, 1990, p. xv)。

これに加えて、現今の最も流通している欧米の政治思想事典を引くと、それは「政治理論の多面的な作品」であり、「統治のマニュアル、君主のための鑑、モラリストの宮廷生活批判、教訓的哲学論文、文芸の百科事典」(Janet Coleman, "John of Salisbury," in David Miller (ed.), *The Blackwell Encyclopaedia of Political Thought*, 1987, p. 256)と紹介されている。

このように、『ポリクラティクス』は大変に多様な主題を満載した書物なので、そこに展開されている思想の全体像にまで触れることは到底できない。従来、この書が政治思想史の文脈で問題とされる場合、その注目点は有名な暴君放伐論や国家を人体に喩えた国家有機体論、あるいは国家に対する教会の優位を説く議論などである。しかし、ここで扱うのは、この書の〈君主の鑑〉としての側面についてだけにしたい。

ソールズベリのジョンは十二世紀ルネサンスを代表する人文主義者であり、カンタベリ大司教の私設秘書として当時の政教関係に深く関わった教会行政家でもあった。イングランド南部のソールズベリ近郊に生まれ、パリ、シャルトルに学んだが、かれがとりわけ影響を受けたのはシャルトル学派の古典研究であった。この学派の精神はその総師ベルナルドゥスの言葉——「われわれは巨人(古代人)の肩の上に乗る小人(現代人)にすぎない」——によく示されている。そこにはキリスト教以前の古典(過去)に対する謙虚な崇敬と同時に、古典を通じて古代よりもいっそう「善き生」を自分たちが実現しうるとする確かな自負(同時代および未来)の念が含意されている。この言葉が今日に知られるのは、それを紹介しているかれの文芸上の主著『メタロギコン』(一一五九年、甚野尚志・中澤務・F・ペレス訳『中世思想原典集成8 シャルトル学派』平凡社、二〇〇二年、所収)によるところが大きい。

一二年に及ぶパリ、シャルトルにおける若きジョンの知的修業時代が終わり、カンタベリの大司教の秘書となったかれを待ち受けていたのは、聖俗双方の要路にある者たちとの緊張感を孕んださまざまの交渉であった。ことにイングランド王ヘンリ二世の尚書部長官であったトマス・ベケットが王の任命により前任者テオバルドゥスの後任としてカンタベリ大司教となると、一転して両者の関係は悪化し、ジョンはベケットとともにフランスでの七年間の亡命生活を余儀なくされる。亡命生活が解けて、二人は帰国するが、対立が再燃し、ついにベケットはヘンリ王の四人の騎士によってカンタベリ大聖堂内陣で暗殺される。そのかたわらにジョンもいた。そののちかれは青春の地シャルトルの司教となり、ベケットの列聖運動に力を尽くし、同地で没した。

ジョンの思想は十二世紀ルネサンス(ラテン語古典の復興)を彩るシャルトル学派の学風

を受け継いでおり、その特色は古典愛好と中庸の精神といえる。アリストテレス〔キケロ、ボエティウスらによってその哲学体系の主柱「オルガノン」の実質的部分が十二世紀当時には伝えられていた〕、キケロらの異教の道徳哲学を紹介しつつ、当時の宮廷社会批判を通して正しい統治のあり方を説いたのが政治論『ポリクラティクス』であるが、そこに流れているのは前記文芸書『メタロギコン』とまったく同一のキリスト教人文主義である〔両書は同じ年に書かれている〕。それを政治支配者に対する教育と訓戒という〈君主の鑑〉の観点に絞っていえば、この書において主張されているのは当然のことに、いやしくも人の上に立って人を支配する任にある君主ならば、等しく聖書と古典双方の深い読解を通して「徳の涵養」と「人格の陶冶」を図らねばならないということである。そのことを窺わせる最良の例は、かれが『ポリクラティクス』のなかで多用する「範例」(exemplum)の問題である。一例を挙げよう。

「かつて高名な皇帝〔トラヤヌス〕が戦場に赴くために馬に跨ろうとした際、ある寡婦が皇帝の足を摑み、涙を流しながら、自分の息子、罪のない若者を不当にも殺した者どもを自分の前で裁いて欲しいと嘆願した。「あなたはアウグストゥス、皇帝陛下です。私はこんなに残酷なことを耐え忍ばねばならないのですか」と彼女はいった。皇帝は答えた。「私が帰還したら、そなたの願いを叶えよう」。彼女はいった。「もしお帰りにならなかったら、いったいどうするのです」。トラヤヌスは答えた。「わが後継者がそなたの願いを叶えるだろう」。彼女はいい返した。「誰かほかの人が善をなしたとしたら、いったいあなたの徳はどのように増すのですか。あなたに責任があるのです。人は自分の行いによって酬いを受けるものです。果たすべきことを果たさないことほどの欺瞞はありません。あなたの後継者は自分自身の責任において、損害を被った人びとに義務を負うのです。ほかの人が正義をおこなったとしても、あなたが責任を免れることにはなりません。あなたの後継者は後継者で自分の責任を果たせばよいのです」。この言葉に深く打たれて、皇帝は馬から降り、すぐに事件を調べさせた。その結果、寡婦の願いは聞き入れられ、彼女は慰めを与えられた」(*Policraticus*, V, 8)。

ここに引用されているのはローマ帝政期の五賢帝の一人、トラヤヌスの例であるが、『ポリクラティクス』にはこのような「範例」という形で、模範とすべき理想の支配者の実例(と同時に、それと反対に、そうすべきではない支配者の実例も)が無数に紹介されている。その意味では、この書はいわば君主教育のための一巻の壮大な範例集であるといえる。かれがそのような範例を引き出してくる典拠はまことに広範なもので、聖書や教父の著作はいうに及ばず、異教の古典全般にわたっている。前者についていえば、とくに旧約では、「歴史」書——「創世記」から「申命記」までのモーセ五書以下、「ヨシュア記」、「士師記」、「ルツ記」、そしてイスラエルに王が登場する経緯を描いた「サムエル記」と王国の興亡を扱った「列王記」が多い——であるが、歴史における神の摂理を知らしめるために「ヨブ記」や「詩編」などの「知恵文学」書、「イザヤ書」や「エレミヤ書」などの「預言」書が多用される。教父の著作では、アウグスティヌス、ヒエロニュムスの二人のラテン教父のものが群を抜くが、オロシウスの歴史書も引用される。異教の古典については、ギリシアのソクラテス、プラトン、アリストテレスが、ローマでは頻繁にキケロ、セネカが引用されるが、ウェルギリウス、ホラティウス、ユウェナリス、ルカヌス、オウィディウスらのラテン詩人、テレンティウスらの作家も用いられる。だが、なんといっても、ジョンが最も具体的かつ熱心に、歴史上の支配者の実例を模範とすべき教訓＝「範例」として引き出している書物としては、スエトニウスの『ローマ皇帝伝』(上・下)、国原吉之助訳、岩波文庫、一九八六年)、そしてまた帝政ローマ期に修辞学の実践書としてフロンティヌス、ウァレリウス・マキシムス、ウェゲティウス、ゲリウスら歴史家たちによって編まれていた『戦略論』などが特筆されよう。

ところで、ジョンに関する地道な研究史が明らかにしていることであるが、ジョンはその古典の知識の多くを原典から直接得ていたわけでは必ずしもないようである。この点を衝いて、ジョンの人文主義〔的教養〕を低く評価する学者（例えば、R・W・サザーン）もいるが、それよりも重要と思われるのは、かれがかくも過剰なまでに「範例」を使用するその叙述態度のほうである。かれにとって、「範例」の多用はどんな意味をもっていたのだろうか。

容易に気づかれることであるが、そもそも何かの「例」を叙述の中で引用するということは自分の論旨を読み手にいっそう説得的に示そうとする修辞学的方法の一つにほかならない。したがって、人間が叙述という表現形式を手にして以来、引用の技術を含む修辞学という学問がそれなりに成立してきたわけであり、アリストテレスの修辞学（『弁論術』）はその最初の体系化といえる。そして、古代修辞学の述語である paradeigma（「典拠として挿入された物語」の意）が exemplum（「範例」）というラテン語としてローマ世界に受け継がれ、キケロやクインティリアヌスらによって精緻な理論化を施されて、自由七科（文法・修辞学・弁証論の三学と、算術・幾何学・天文学・音楽の四科）のなかで研究・教授されていったことも周知の通りである。ジョンはまさにこのような古代修辞学以来の伝統のなかで自己の叙述スタイルを作り上げていったということができる。その結果が『ポリクラティクス』のなかでの「範例」の多用ということになるが、その尋常ではない多用ぶりは実は明白にかれ自身の「意識的、自覚的な方法」(Cary Nederman, *op. cit.*, pp. xxi–xxii)なのである。

ここではジョンの「範例」の用い方の特徴について、その一つ一つを実例を挙げながら示すことはできない。しかし、かれが引用している「実例」を実際にその典拠となっている原典写本にあたってみると、「引用したもの」と「引用されたもの」との間に少なからずズレがあることはつとに研究者によって指摘されている。つまり、ジョンは古典から「実例」を引き出すとき、それを必ずしも基の文脈(そこでの語彙も含めて)に忠実にしたがってそうするのではなく、むしろ場合によっては自分の論旨に合致させるように、あえて変形——修正や加筆、時には創作さえも——させることもあるのである。こうした事実はこれまでのジョン研究、とくに緻密な書誌学的研究から明らかにされているが、そのことを実感するために一つだけ例を引いておこう。

「アレクサンドロス以上にギリシアにおいて有名で偉大な人物はいったい、誰であろうか。……われわれはかれに捕らえられた海賊がかれに向かって率直で本当の答えを返した話を読むことができる。アレクサンドロスがどういう了見で海を荒らし回っているのか、と尋ねたとき、その海賊はこう答えたという。「お前が陸地でやっているのと同じことだ。俺はたった一艘の船でやるから海賊といわれるが、お前は大艦隊を率いてやるから皇帝と呼ばれるだけの話だ」と。もし人びとがディオニデスのいうことに頷いたとするなら、ディオニデスは皇帝ということになるであろう。道理の問題として両者の間になんらの相違もない。略奪することにおいてより容赦なく、正義を無視することにおいてより軽蔑に値し、法を無視することにおいてより鉄面皮なかれのほうがより悪いということを除いては」(*ibid.*, III, 14)。

ここでは海を荒らす海賊の悪言にさえ怒りに流されることなく耳を傾けることのできるアレクサンドロスの「度量の大きさ」(magnitudo animi : magnificentia)や「寛恕」(clementia)——例えば、キケロの『義務について』やセネカの『寛容について』などで盛んに称揚される古代的徳性——が讃えられているわけであるが、実際のマケドニアの支配者アレクサンドロスその人がつねにそうした徳性を失うことのない理想の君主であったかどうか、疑問なしとしない(そうであるがゆえに、アレクサンドロスと海賊との対比が比較級で語られているし、またこの章では父親フィリッポスとの関係が言及され、アレクサンドロスのほうが徳と悪徳の双方において突出していると指摘されている)。だが、ジョンにとっては、おそらくそうしたことはどうでもよかったに違いない。かれにはその時どきの自分の論旨や文脈に呼応する実例だけが欲しかったのであり、右の一節でいえば、そこでは間違いなくアレクサンドロスの例話はそのときのかれの論旨に格好の素材だったのである。それだけではない。実は、このアレクサンドロスと海賊との問答という挿話は元来キケロの『国家について』(第三巻第一四章)のなかで語られ、おそらくそれに基づいてアウグスティヌスが『神の国』(第四巻第四章)において取り上げたことで有名になった話なのであるが、アレクサンドロスに対する「海賊」はキケロの場合はただ"inquit"(かれは答えた)という表現で示され、アウグスティヌスの場合にも"pirata respondit"(海賊は答えた)という言葉で語られているにすぎない。ディオニデス(Dionides)という固有名詞は両方の原典にも出ておらず、それがジョンの創案であるのは明白なのである。

こうしたことから、ジョンの引用の作法がはっきりと理解されよう。つまり、かれにとっては、古典からの引用は、引用する者の視点からみて、有用と判断されるがゆえに、そしてその限りにおいて、なされるのであるから、読み手をよりよく説得させるためには多少の改変も許されるということである。その意味では、主体はあくまでも引用する者のほうにあるとみなされているのである。そのことを『ポリクラティクス』(この書はまだヘンリ二世の尚書部長官であったときのトマス・ベケットに献呈された)の「序言」のなかで、ジョンは自身次のように明言している。

「私は直面する課題にそれらが寄与するところがあり、応えるところがある限りは、それらの適当な材料をさまざまな著者から、ときにはその著者の名前を明記することなく、用いることで問題に対処しようと致しました。それは一つには貴兄(トマス・ベケット)が学芸に秀でておいでで大部分は既にそれらに精通されておられると思われるからであります。そしていま一つはそれらに無知な者たちに読書への愛を吹き込みたいと願うからであります。もし事実とするところから相当程度かけ離れた点があるとしても、貴兄はご海容くださるものと存じます。と言いますのも、ここで書かれていることがすべて本当のことだなどとお約束する積もりはなく、私としてはそれらが真実であれ虚偽であれ、読者にとって有用であるという点を重要視しているからであります」(*ibid.* prologus)。

こうした作法は、古典理解の正しいそれとはけっしていえないという批判が当然起こるであろう。確かに、かれにあっては、引用される「実例」の固有に秘める意味が奪われる可能性があるし、その意味の地平も曖昧にされてしまいかねないという致命的な欠陥があるのを否定できまい。しかし、いまはジョンの作法についてその価値判断を下すのが目的ではない。

さて、いずれにしても、『ポリクラティクス』がジョンの考える理想の支配者のあり方を読み手に提示する、豊富な例話や情報の満載された一巻の範例集という性格をもっていることは十分に了解できたであろう。そこでは「仁慈」や「人間性」、「正義」や「度量」、「節制」といった伝統的な徳性を支配者が身につけるべきことが強調されている。支配者の基本条件を支配の巧拙という技術・技量にみるのではなく、その人格のありよう〈徳性〉にみて、そのよるべきモデルを過去の書物のなかに探るという意味では、この書はカロリング期の〈君主の鑑〉を踏襲するものである。しかし、同書はまた模範とするべき支配者の姿を主として旧約の王たちに求めたカロリング期の書物とは異なって、異教の古典のなかに登場するギリシア、ローマの歴史的支配者たちをも盛んに扱っていることで、それまでにない現実感を醸し出している。そればかりではない。さらには、次のような二つの点で、それまでの〈君主の鑑〉にみられない要素をこの書は開発しているのである。

その一つは、そもそもこの書の副題――すなわち「宮廷人の愚行と哲学者の足跡について」――が明示するように、善き統治のための徳の勧めや道徳的訓戒をひとり君主に限定することなく、広く君主を取り巻く支配者層（宮廷官僚層）に拡大させていることである。それはまさにかれの公的な経験がなさしめたことで、かれは当時の宮廷社会に蔓延するさまざまな「愚行」――「狩猟」、「賭博」、「音楽」、「魔術」、「占星術」――を激しく告発し、支配層を形成する宮廷官僚たちに立派な統治者の姿を指し示して反省を迫っているのである。

そしていま一つは、このことと連動しているが、そうした君主・支配者層（宮廷官僚層）の正しいあり方についての議論を「国家」という大きな政治的・社会的枠組みのなかで展開しようと試みているということである。この点は明らかに統治の議論を政治体（社会）についてではなく、もっぱらそれを担う個人（君主）の道徳的・人格的次元に収斂させてきたカロリング朝の〈君主の鑑〉の伝統に対する一種の革新を意味している。しかし、その革新はジョンが生きた西欧の十二世紀という歴史的背景を考えれば、むしろ当然のことであったに違いない。つまり、この世紀は歴史の事実として、世俗の、いわゆる集権的封建国家が台頭していた時代に相当しており、かれの母国イングランド王国はいうまでもなくヘンリ二世によって当時の西欧で最強の権力機構を有する君主制国家を樹立していたのである。したがって、こうした巨大な封建国家には必然的に読み書きのできる支配官僚が大勢必要とされたが、そのような君主制の統治機構に編入された官僚たちを含んで、君主の宮廷に屯《たむろ》する支配身分の者たち(宮廷人)を教育し、かれらに統治者たることの正しい自覚をつよく喚起させることがジョンの課題だったのである。

このようにみてくれば、国家を人体と比較するかれの有名な国家有機体論——すなわち、魂—聖職者、頭—君主、心臓—元老院、目・耳・舌—裁判官と州長官、武装していない手—役人、武装した手—兵士、脇腹—君主の側近、胃・腸—財務官と記録官、足—農民・職人(*ibid.*, V, 2)——の意味するところもおのずから明らかになってくるであろう。そして、この議論はまたこれでジョンの政治思想の他の重要な主題、とりわけ法を無視して、権力を濫用し自由を破壊する君主は殺害されて当然とする、これまた有名な君主放伐論や、「血の滴る剣」(世俗権力=国家)に対する教会の優位を説く議論などと同様に、深いところで響き合うものを秘めているはずである。

Ⅲ　トマス・アクィナス『君主の統治について』

これまでの叙述から、君主論が西欧においては〈君主の鑑〉という文学ジャンルのなかで書かれてきたということについて一定の理解が得られたと思う。そういう前提のもとに、以下において本書『君主の統治について』の解説をしたい。

1　著者・題名・執筆年・献呈者の問題

最初に、この作品が最新の文献のなかで、どのように紹介されているかをみておく。参考にするのは、「ケンブリッジ政治思想史テクスト集」(*Cambridge Texts in The History of Political Thought*)の一冊として刊行された『トマス・アクィナス政治論集』(*St. Thomas Aquinas Political Writings*, edited and translated by R. W. Dyson, Cambridge UP, 2002)である。このなかに本書『君主の統治について』の抜粋も収録されているが、冒頭に付された編者ダイソンによる「序論」(“Introduction,” pp. xvii–xxxvi)では次のような解説がなされている。

「『君主の統治について』(*De Regimine Principum; On the Government of Princes*)――いくつかの写本では『王制について』(*De Regno; On Kingship*)として知られているが――は、より大きな論文の一部(第一巻および第二巻の最初の六章とその半分〔四章の誤りであろう――訳者注〕)であって、その残りの部分はルッカのプトロマエウス(Ptolommeus Lucensis; Bartolomeo de Fiadoni)の手になるものである。それは「キプロス王に宛てて」(ad regem Cypri)献呈されている。問題のキプロス王はおそらくリュジニャン家のフーゴー二世(Hugo II)で、かれはドミニコ会の特別な庇護者であったようである。『君主の統治について』の著者が誰であるか、そしてそれには信憑性があるかどうかについては多くの議論がなされてきた。しかし、依然として正しいとされているのは、トマスは一二六七年一二月に献呈者が死去すると、この論文の執筆をやめたということ、そしてプトロマエウスがそれを継いで完成させたということである。この書はトマスの書いた最も長い政治論文で、主に王政と暴政について扱い、最終章では成功した王国を樹立するのに必要な物質的条件に関する若干の議論を含んでいる。第一巻はアリストテレスの『政治学』に密接に依拠している。第二巻は中世で影響力のあった二つの書物ウィトルウィウスの『建築論』とウェゲティウスの『軍事論』に精通していることが窺われる」(p. xix)。

簡にして要を得た紹介であると思う。

初めに確認しておかねばならないのは、本書の題名である。「君主の統治について——謹んでキプロス王に捧げる」(*De Regimine Principum, Ad Regem Cypri*)という訳名をここでは当然のように用いてきたのであるが、いまみてきた紹介文からもある程度推察できるように、トマスが本書に取り組んだときのタイトルは「王制について」(*De Regno, Ad Regem Cypri*)だったようである。今日、トマスの膨大な著作を集成した全集として普及しているものにパルマ版(Parma : *S. Thomae Opera Omnia*, 25 vols, 1852–1873)、ヴィヴェス版(Vives : *S. Thomae Aquinatis Opera Omnia*, 32 vols, 1871–1882)、レオ版(Leonina : *S. Thomae Aquinatis Opera Omnia*, 16 vols, 1882–1948)があるが、それらをも精査しトマスの著作の内容・意図をもとにして詳細な著作カタログ(全九八項目)を作ったのはI・T・エシュマンである(I. T. Eschmann, O. P., "A Catalogue of St. Thomas's Works," in E. Gilson, *The Christian Philosophy of St Thomas Aquinas*, 1956, pp. 381–430)。そのカタログによれば、この著作はいわゆる「小著作」(opusculum)に分類されるが、番号五五を付けられた同著作の表題は*De Regno*(*De Regimine Principum*), *Ad Regem Cypri*となっている。

そして、その解説において、かれは現在伝わっているこの著作の写本の系列——それぞれ長さの異なる三つのもの(A写本、B写本、C写本)――を丹念に調べ、AおよびB写本では*De Regno Ad Regem Cypri*ないし*De Rege et Regno…*が用いられ、C写本で*De Regimine Principum*が使われていることを明らかにしている(pp. 412-415)。

はたして、どちらの表題がトマスの真正のものなのかということは早くから論議の的とされてきたが、伝えられてきた写本に双方の表題がある以上、問題はむしろ両者の関係をどう考えるかということのほうにあるように思われる。今日では、「君主の統治について」(*De Regimine Principum, Ad Regem Cypri*)とするのが一般的のようである。ただもちろん、「王制について」(*De Regno*)のほうを採る学者もおり、I・T・エシュマンの「解説」を付してG・B・フェランが英訳した表題は*On Kingship to the King of Cyprus*(一九四九年。「凡例」を参照)となっている。しかし、そのエシュマンが「解説」(「序論」"introduction," pp. ix-xxxix)のなかで述べていることがおそらく正解であろう。すなわち、かれによれば、トマスの手になる*De Regno*と、それを引き継いだプトロマエウスの*De Regimine Principum*(この事実ははっきりしている)とはその長さにおいても、内容においてもかなりな相違点があるにもかかわらず、十四世紀の最初の二五年のうちに姓名不詳の編者によって一つのものとされて書物市場に知られるようになると、強いものが弱いものを排除するという世の習いにしたがって、St. Thomas Aquinasという他を圧倒する名前と、中世後期にはそのほうが一般によく用いられるようになっていた*De Regimine Principum*とが合体したというのである。

確かに、中世も十四世紀以降になると、〈君主の鑑〉に属する作品のタイトルが多く*De Regimine Principum*となっていくのは事実なので、エシュマン説は納得しうる（例えば、このタイトルで執筆した著者を挙げると、アエギディウス・ロマヌス、アドモンドのエンゲルベルト、ギヨーム・ペロー、トマス・ホックレーヴ、フンベルト・レオンハルト、フランシスコ・ヒメネスなどがいる）。つまり、この表題は個々の君主論のそれというよりも、それを超えて君主教育の書を意味する総称的タイトルとなっていったということである。ところで、本作品の著者、表題、執筆年、そして献呈者をめぐっては長い研究史があり、右に挙げられた人びとのほかにもエシャール（Jacques Echard）、グラープマン（Martin Grabmann）、デニフレ（Heinrich Denifle）、マンドネ（Pierre Mandonnet）といったトマス学者たちがこれらの問題に参入しているが、いま述べてきた点については、一九二九年に発表されたオライリー（A. O'Rahilly）の見解がほぼ認められているようである。すなわち、かれによれば、本作品――全体で四巻からなる――の残余の部分の著者はプトロマエウスであり、それは第二巻第四章の真ん中からはじまるというものである(A. O' Rahilly, "Notes on St.Thomas : IV. De Regimine Principum"; "V. Tholomeo of Lucca, Contributor of the De Regimine Principum," *Irish Ecclesiastical Record* 31(1929), pp. 396–410 ; 31(1929), pp. 606–614)。ただ念のために言及すると、この解釈に関しても、異論がいまも出されている。例えば、モール(Walter Mohr)やブラック(Antony Black)といった学者たちである。モールの異論は写本の系列の分析と二つの論文のイデオロギー的内容の違いに絡んだもの("Bemerkungen zur Verfasserschaft von De Regimine Principum," in *Virtus Politica*, ed. Joseph Müller and Helmut Kohlenberger, 1974)であるが、ブラックの異論はかれが中世政治思想史の著名な学者であるだけにいっそう注目に価する。かれによれば、本作品はその文体、アプローチ、主論点、教義においてトマスの他の著作『神学大全』や多くの注釈書とは異なっており、トマスは第一巻第一章を除いて執筆はしておらず、おそらくトマスの影響をつよく受けた弟子の一人の手になるものであろう、というのである(Antony Black, *Political Thought in Europe 1250–1450*, Cambridge UP, 1992, p. 22)。

ここではこれらの異論に関して、これ以上深入りしないことにしたい。むしろ、この点においては、オライリーの見解はほぼ定説化しており、それに基づいて、最近ようやくこの作品の全訳(英訳)がJ・ブライスによって完成をみたことによって、その全貌が読者に容易に知られるにいたったことを特筆しておきたい(*On the Government of Rulers De Regimine Principum: Ptolemy of Lucca, with portions attributed to Thomas Aquinas*, translated by James M. Blythe, Pennsylvania UP, 1997)。

次に確認しなければならないのは、この書がいつ頃書かれたか、という執筆年の問題と、副題――すなわち、「キプロス王に捧げる」(ad regem Cypri)――にあるように、それが献呈された相手である「キプロス王」とは誰を指しているのか、という問題である。右に引用しておいたダイソンの「解説」によって、現在では「執筆をやめた」年が一二六七年で、献呈の相手はリュジニャン家のフーゴー二世という一定の結論が出されているのがわかるが、エシュマンもいうように(*op. cit.*, p. xxvi)、執筆年の確定を献呈者のそれと絡ませておこなうのはオーソドックスなやり方であろう。

再び、エシュマンに依拠するが、かれは前出の詳細な「解説」(*op. cit.*, pp. xxvi–xxx)のなかで、当時の「キプロス王」で該当する王は三人いたという。リュジニャン家のヘンリクス一世(一二一八―五三年)、同じくフーゴー二世(一二五三―六七年)、そしてアンティオキア＝リュジニャン家のフーゴー三世(一二六七―八四年)である。かれの論述の要旨のみを記すと、まずヘンリクス一世については、その可能性は皆無である。なぜなら*De Regno*にはアリストテレス『政治学』からの引用がふんだんにあるが、この王が存命中には、トマスはまだ『政治学』を知らなかったからである。アリストテレスの『政治学』がムールベケのグイレルムスによってラテン語訳されるのは一二六〇年頃である。次に、フーゴー三世であるが、この王はキプロスの記録文書によれば、「大王」と記されている人物で、キプロスのリュジニャン家の創設者のものであった「エルサレム王」の称号を自己とその後継者のもとに取り戻したことで知られる。そこでかれの可能性は高く、近代の研究者でかれを想定する者はC・ジュールダン、W・スタッブス、R・グルーセなどである。

しかし、ここでエシュマンは十八世紀の著名なトマス伝作者エシャール(Jacques Echard, *Scriptores Ordinis Praedicatorum*, 2 vols, Paris, 1719)の見解を紹介しながら、フーゴー三世説を否定している。その論拠となるのは、そもそもトマスの一族(ナポリ近郊ロッカ・セッカを居城とする封建貴族)はシャルル・ダンジューの臣下であり、そのほかならぬアンジュー家がエルサレムの王位をめぐって対抗意識を燃やしていたフーゴー三世のために執筆することなど考えられない、というものである。そのうえで、エシュマンはエシャールがフーゴー二世を想定していることに言及する。エシャールの根拠となるのは、この王の年齢である。すなわち、フーゴー三世が権力の地位に就いたとき、かれは既に成人に達していたのに対して、その従兄弟であるフーゴー二世は王の在位中まだ少年（かれは一五歳で死亡した）だったわけであるが、そのような若年の王のためにこそまさに〈君主の鑑〉という政治教育の書が書かれたのだ、というのである。

このエシャールの見解に対してエシュマンは、論証の仕方は認められないが、その結論とするところは別の論証の仕方を採用するならば、賛成だという。まずフーゴー三世説否定の論証の仕方に関していうならば、エルサレムの王位への要求をシャルル・ダンジューは一二七七年以前にはいまだ公言していなかったのであって、しかもその年は実はトマスの死の三年後だということである。そしてさらに、〈君主の鑑〉の基本性格をア・プリオリに若年の王のための教育の書と決めつけるのは間違いだということである。ボーヴェのウィンケンティウスの『貴族の子弟の教育について』（*De Eruditione Filiorum Nobilium*）という著作もあるが、反対にフランシスコ会士トゥルネーのグイベルトゥスが熟年期にあったフランス王聖ルイの求めに応じてかれの指導と黙想のために書いた『王と君主の教育』（*Eruditio Regum et Principum*）なる書物もあるのである。

そこで結論となるが、エシュマンの要旨はこうである。もし*De Regno*が一二六七年以後、すなわち同年の一二月五日に起きたフーゴー二世の死後に書かれたとすれば、その説をにわかに肯定するわけにいかない、いくつかの難点がこの書の教え自体のなかにある。その難点というのはトマスの他の著作と本書とを、次の二点において比較検討することで明らかとなる。一つは、政体の分類の議論(本書、第一巻第一章〔10〕―〔12〕)であり、いま一つは人間の自然的社会(社交)性の議論(本書、第一巻第一章〔4〕―〔7〕)である。

前者からいうと、この政体分類論は『神学大全』第二―一部におけるいくつかの議論と比較対照することができる。そして、この議論は明白にアリストテレスの教えの完全な把握なしには不可能であるが、この点では『神学大全』のほうがアリストテレス理解において進んでいることは疑いない。著者の執筆傾向というのはまだ完全ではない段階からより完全な段階へと進むのが通常のことだとすれば、*De Regno*は『神学大全』第二―一部以前に書かれたと推定するのが自然であろう。後者については、この人間の自然的社会性の議論は『アリストテレス――ニコマコス倫理学注解』の「序文」に非常に興味深い記述があり、それと*De Regno*での記述とを比較検討すると、アリストテレス理解の深さとその血肉化において『ニコマコス倫理学注解』のほうが優っている。その

ことから *De Regno* の執筆は『ニコマコス倫理学注解』よりも前のことと推定できよう。
そうだとすれば、近年の研究によって『神学大全』第二—一部の執筆時期が一二六八—七〇年頃であり、『ニコマコス倫理学注解』の執筆開始が一二六五年かそれ以後(この時期、トマスはローマかローマ近郊に滞在していた)とされているので、*De Regno* の執筆終了時は遅くとも一二六五年頃ということになる。エシャールの結論はこうしてほぼ正しいことが立証されようと述べた後で、エシュマンはさらにもう一つの要件を持ち出す。すなわち、これまでの論証の仕方が *De Regno* の執筆終了時(terminus ante quem)に注目することであったのに対し、今度はその執筆開始時(terminus post quem)に注目することである。材料となるのはアリストテレス『政治学』である。トマスはこの書をいつ頃には利用しえていたのか。ムールベケのグイレルムスによる『政治学』のラテン語訳が完成したのは一二六〇年頃であるというのは既に公認されており、トマスがパリ大学を去り、イタリアに移っていた一二五九年までのかれの著作のどこにも『政治学』を知っていた痕跡はない。それゆえ、一二六〇年という年は *De Regno* にとって執筆開始時である。この年以降、トマスの著作には『政治学』からの引用が現れる。そのなかでこの書に最も通暁しているのは無論、『神学大全』であり、その他の著作——*De Regno* も例外ではない――はそれに比べると、引用においても散発的であり、粗雑である。こうして、結論としては、*De Regno* が書かれたのは一二六〇―一二六五年の間が妥当だというのがエシュマンの説である。

これに対しては、トマスの伝記を書いた現代の著名な学者ヴァイスハイプルも執筆開始時を通常いわれている一二六七年(フーゴー二世の死去年)よりも前の一二六五年に置くこの説を支持している(A. Weisheipl, O. P., *Friar Thomas D'aquino, His Life, Thought, and Works,* Basil Blackwell, Oxford, 1974, p. 189)が、同じくトマスの詳細な伝記を著したトレルはこの一二六五年説を肯定することに留保をつけている。というのも今日では『ニコマコス倫理学注解』の完成(開始ではなく)は一二六五年よりも後の一二七一年であるのが明らかとなっており、そうだとすれば、献呈者の確定を執筆年と絡ませることに重点を置くエシュマンの論法でいえば、献呈者はフーゴー三世(同年在位の王)ということになる。しかしこの王はエルサレム王を狙うシャルル・ダンジューの直接のライヴァルであり、トマスがその王に自己の書物を献呈するはずはないと、エシュマンとは逆に、エシャールの説を一定の条件のもとに紹介している(Jean-Pierre Torrell, O. P., *Saint Thomas Aquinas,* volume 1, *The Person and His Work,* The Cathoric University of American Press, 1993, pp.

169–171)。

だが、*De Regno* の執筆年の確定にあたって、その執筆開始時がいつか、という問題にこだわるのはそれほど生産的であるとは思われない。重要なのは、トマスの書はきわめて小さな作品(opusculum)——したがって、その完成に何年から何年までかかるといったものではない——であり、しかも明白に中断という形で終わっているという事実である。その事実に注目すれば、その未完の理由をフーゴー二世の突然の早逝に求めるのはしごく合理的なことであろうし、したがってその献呈の相手をフーゴー二世ととるのも自然のことであろう。であるがゆえに、現在ではその執筆年をほぼ一二六七年頃に置くのが定説となっているのである(ついでにいえば、*St. Thomas Aquinas on politics and ethics*, translated and edited by Paul Sigmund, Princeton UP, 1988 にこの作品の抜粋が *On Kingship or The Governance of Rulers* (*De Regimine Principum*, 1265–1267)というタイトルで収められている。そこで編訳者シグムンドはわざわざ注をつけて、「一二六五年にアクィナスはキプロス王のために王制についての論文の執筆を依頼された。かれはそれを一二六七年に、おそらく王の死によって未完のまま残した。それはルッカのプトロマエウスによって後に完成された。しかし写本はここに訳出された諸章がアクィナスによって書かれたことを示している」と記している。p.

14)。

2 『君主の統治について』の内容について

トマス・アクィナス『君主の統治について』という小品に関して、その著者、題名、執筆年、そして献呈者をめぐる問題については、このくらいにしておきたい。次にこの作品そのものの内容に言及することにするが、その目的は構成の順序にしたがって各章ごとの記述をあらためて要約することではもちろんない。そのようなことはこの書をじかに読んでいただければよいことであろう。そうではなく、この書のなかで展開されているいくつかの主題や命題に注目することによって、そこに窺われるトマス政治思想の本質に少しでも触れたいというのがここでの目的である。

初めに、本書が〈君主の鑑〉として成立しているという当然の事実から入りたい。一読すれば、容易に理解されるであろうが、本書は間違いなく〈君主の鑑〉そのものの特色を備えている。この解説のⅠおよびⅡでみてきたように、本書もまた伝統的な〈君主の鑑〉の体裁を整えていることは、君主に対してあるべき理想のモデルとして、①新・旧約両聖書、とりわけ旧約の、王や指導者だけでなく、②ギリシア、ローマの古典古代の歴史的支配者が引き合いにだされ、かれらのもつ徳性がいかに統治に必要であるか、がつよく説かれていることに示されている。つまり、統治の要諦とは一にも二にも君主の人格の高潔性にあるのであって、人民はその君主の高い徳性に打たれて、おのずから君主の言うことにしたがうのだ、という徳治主義の思想である。そのために、本書もまた他の同じジャンルの作品とまったく同様に、人の上に立って人を支配する君主のために、実におびただしい数の「範例」(exemplum)——見倣うべき教訓と避けるべき悪徳——が持ち出されている。それらさまざまな実例はなかなかに興味深く、味読に価するものが含まれている。例えば、第一巻第一〇章(［77］)の「友情」(amicitia)に関する例話——シュラクサイの僭主ディオニュシオスに対して示したダモンとピュシアスなる二人の青年の固い友情の話——のくだりなどを読むと、思わず太宰治の名作『走れメロス』を想起する人もいるであろう。あるいは、同じシュラクサイの僭主ディオニュシオスについての話(第一巻第六章［44］)であるが、誰もが心から願ってやまないこの悪逆非道な僭主の死を望まず、その長命を祈る一人の老婆の話などもまことに印象深い。

　このように、この作品は聖書と古典の双方から引き出した「範例」を多用した、典型的な〈君主の鑑〉の体裁を示しているわけであるが、トマス自身、冒頭に掲げた「献辞」

のなかで、その目的を「聖書の権威と哲学者たちの教え、さらには卓越した君主たちの偉業に範をとり」、「王制の起源と王の職務に属する事柄」について述べることと語っている。したがって、この書の課題をさらに追っていけば、それは①王制の起源を問うこと、②王の職務を明らかにすること、という二点に絞られることになろう。しかし、既に確認したように、この書は第二巻第四章の真んなかで中断されており、その限りでいえば、この二つの課題に必ずしも収斂されるものでもない。

そこで、いま少し、本書の〈君主の鑑〉としての性格にこだわりたい。典型的な〈君主の鑑〉と断じたが、トマス特有の問題がそこに付加されているということはないのだろうか。いい換えれば、このジャンルに属する作品で中世最大の著作といわれる十二世紀のソールズベリのジョンの『ポリクラティクス』と比べたとき、特段の、差異とはいえないまでも、それとはやはり異なる、新しい要素は存在しないのだろうか。その点でいえば、トマスに固有の最大の特徴はなんといっても同時代に洪水のように流入してきたアリストテレス政治学の衝撃であろう。したがって、以下に、このアリストテレス受容の問題点をアト・ランダムに抜き出して考えてみたい。そして、その後で、本書『君主の統治について』の読み方に関して若干のコメントを加えたい。

(a) アリストテレス受容の問題

本書の際立った特徴の一つにアリストテレスの影響があることは明白である。そのことは第一巻第一章［4］において早くも登場する言葉——「人間は、他のすべての動物にもまして、自然本性上、集団のなかで生活する社会的および政治的動物であることは明らかである」——にはっきりと窺うことができる。あらためて指摘するまでもないことであるが、この「人間は、自然本性上、社会的および政治的動物である」という表現が『政治学』におけるアリストテレスの「人間は自然本性上、政治的《ポリス的》動物である」(*Pol.*, I, 2 : 1253a 2-3)という有名な言葉から学んだものであるのは疑いない。

ところで、アリストテレスが語っていた「政治的《ポリス的》動物」(politikon zōon)というギリシア語を、トマスは端的に「政治的動物」(animal politicum)とせずに、いまみてきたように、「社会的および政治的動物」(animal sociale et politicum)という二つの形容詞を複合させたラテン語で表現している。実は、そこにトマスの一種の戦略があるのだが、この微妙な問題については後で触れることにしよう。

【政治の自然性】最初に戻るが、トマスは政治的動物としての人間という命題をアリストテレスから学ぶことによって、いったい何を主張しようとしているのか。いうまでもなく、それは政治という営みが人間にとって「自然的な」ことだという観念である。この観念は現在の私たちの考え方からすれば、別段驚くことでも、新奇なことでもない。きわめて当然の話にすぎない。しかし、トマスが生きた十三世紀の西欧中世の知的雰囲気のなかでは必ずしも当たり前のことではなかったのである。いやむしろ、当時の正統的な政治観念(アウグスティヌスに代表される伝統的なキリスト教政治原理)からみれば、政治の営みや国家というものは自然的なものでは断じてなかった。それらは人間が自ら犯した罪の所産――いわゆる「罪に対する罰と矯正」(poena et remedium peccati)――でしかなかった。つまり、端的にいえば、政治とは本来の人間関係にはけっしてありえぬ「人間による人間の支配」(奴隷制)であり、その支配を司る支配者や政治権力、国家などというものはそうした人間の堕罪的状況を抑制させるための必要悪以外の何ものでもなかったのである。

『君主の統治について』という小著作においてトマスが試みているのは、まさにこういう伝統的なキリスト教政治教説の修正・変更にほかならない。かれはその試みを、友人でかれと同じドミニコ会士であったフランドル人ムールベケのグイレルムスによってラテン語訳されたばかりのアリストテレスの『政治学』と『ニコマコス倫理学』を用いておこなったのである。人間の自然的本性を出発点として、政治や国家の自然性を説くトマスの論理展開は本書の第一巻第一章に明快に見ることができる。いまその骨組みのみを単純化して図式で表せば、次のようになろう。すなわち、「人間は自然本性上、社会的・政治的動物である[4]→他の動物との違いは人間だけが理性と言語をもつ[6]〜[7]→その理性と言語によって社会生活が可能[6]〜[7]→しかし、その社会生活に統治は必要。その統治は社会(集団)の共通善に配慮する者によって保障される[8]→自由人と奴隷の違いは前者が自分自身のために存在し、後者は他者のために存在するところにある。正しい支配は集団の共通善を、不正な支配は支配者の私的善を目指す[10]→不正な支配が一人の場合は僭主制、少数の場合は寡頭制、多数の場合は民主制[11]→正しい支配が一人の場合は王制、少数の場合は貴族制、多数の場合は政体(ポリティア)[12]→一人の人間が自らの利益ではなく、民衆の共通善を追求する牧者であるのが王制(君主制)[13]→人間の社会(集団)生活の自足性は家から町へ、そして都市=領国に至って完成する。それこそ完全共同体であり、そこにおける共通善のために統治する者が王にほかならない[14]〜[15]」。

【共通善】 このような論理展開がアリストテレス政治学の受容によってなされていることは誰の目にも明らかであろう。すなわち、「人間は自然本性上、政治的(ポリス的)動物である」という言葉でいえば、上述したように、『政治学』(*Pol.*, I, 2 : 1253a 3)にみられるわけである。それだけでなく、『ニコマコス倫理学』(*Eth. Nic.*, I, 7 : 1097b 11. IX, 9 : 1169b 18)にもある(「訳注」第一巻第一章(2)も参照)が、その人間の自然的政治本性から説き起こして、人間が言語(それによって善悪正邪の知覚をもつ)を媒介として共同体(社会)を作り、その共同体が家から村(トマスの場合は町)を経て、最終的に国家において自足する完全共同体となるとする議論は『政治学』第一巻第一章および第二章に詳述されている。そして、人間の共同生活は「単なる生活のために」ではなく、「善き生活のために」存在するのであるから(*Pol.*, I, 2 : 1252b 29–30)、正しい共同生活は支配者の個人的利益(善)ではなく、共同体成員の共通の利益(善)を目指すものでなければならないという主張もまったく『政治学』そのものである。例えば、

「共通の利益を目ざす凡ての国制は、無条件的に正しいことを基準にして見て、正しい国制であるが、しかしただ支配者の利益だけを目ざす国制は凡て間違ったものであり正しい国制から逸脱したものであるということは明らかである。というのは、国は自由

人の共同体であるのに、それらは主人の奴隷に対する支配のようなものであるから」(*Pol.*, III, 6 : 1279a 19–22. 訳文は山本光雄訳、岩波文庫)。

このように、奴隷のではなく、自由人の共同体の目的が「共通善」(bonum commune)の追求にあり、それを目指すのが支配者の任務であるとする思想がアリストテレスからトマスに継承されているのがわかるが、さらにその共同体(国)の目的という内容的基準(共通善か私的善か)と、支配者の数(一人・少数・多数)との組み合わせによって正しい国制(王制・貴族制・国制《ポリティア》)と間違った国制(僭主制・寡頭制・民主制)という都合六つの国制分類が導き出される議論もいうまでもなくアリストテレスにあって(*Pol.*, III, 6–8)、トマスはそれを『君主の統治について』のなかで大いに利用しているのである(上述のように、第一巻第一章に既に言及されているが、第二章以下でいっそう詳しく展開される)。

【十二世紀ルネサンスと十三世紀アリストテレス革命】今日では、このようなトマスによるアリストテレス政治学受容が可能になったのは、なんといっても『政治学』と『ニコマコス倫理学』がラテン語で読めるようになったためだという解釈はもはや常識であろう。「十三世紀革命」とか「アリストテレス革命」という言葉で表現されるのがそれであるが、ただ念のためにいえば、この知の革命は十三世紀に、それ以前の知的伝統とまったく切り離されたところで、いきなりなされたというふうに受け取られるとすれば、それは大いなる誤解である。実は、その一世紀前にいわゆる「十二世紀ルネサンス」と呼称される古典復興の運動(翻訳活動)があって、そのなかでアリストテレスもかなりな程度にまで紹介されていたのである。詳細はほかに譲るが、このルネサンス運動はアリストテレスなどギリシア語の文献だけでなく、アラビア語の文献(いうまでもなく、西欧中世前期ではギリシアの思想・文化はアラブ世界のほぼ独占物であった)のラテン語への翻訳を主として三つのルート——①スペイン・ルート、②シチリア・ルート、③北イタリア・ルート——を通じておこなっていた。このうち、③の北イタリア・ルートは特筆に価するが、ここではヴェネツィアのヤコブスによってアリストテレスの『分析論前書』、『分析論後書』、『トピカ』、『詭弁論駁論』がギリシア語からラテン語へと翻訳され、それによって西欧中世世界は初めてアリストテレス論理学の全貌(その全著作=「オルガノン」)を「新論理学」として知るにいたったのである(それまでは六世紀初頭のボエティウス訳になる『カテゴリー論』と『命題論』だけが「旧論理学」として知られていたにすぎない)。

したがって、十三世紀の「アリストテレス革命」はこの十二世紀ルネサンスを媒介としなければ、けっして遂行されなかったといっても過言ではない。そして、この世紀のアリストテレス『政治学』および『ニコマコス倫理学』のラテン語訳紹介以前に既に論理学関係の著作(『オルガノン』)の完全なラテン語翻訳が完成していたがゆえに、十二世紀ルネサンスの思想家たち、とりわけソールズベリのジョン(一一一五/二〇—八〇年)のような人文主義者はそこに窺われる道徳・倫理理論の断片的な知識をもとにして自己の政治論を構築し、論理学擁護の文芸書『メタロギコン』と政治論書『ポリクラティクス』を執筆しえたのである。

「実際、理性と言葉との喜ばしく生産的な結合の結果、多くのすばらしい都市が誕生し、多くの王国が友好的な同盟関係を結び、多くの民衆が愛の絆で結びつけられることになった。神が公共の善のために結びつけたものをばらばらにしようとする者は誰でも、公の敵とみなされるべきだ」(*Metalogicon*, I, 1.)。

これは『メタロギコン』冒頭の言葉であるが、ここからも既にアリストテレスの影響があるのを十分にみてとることができるであろう。そして『ポリクラティクス』をひもとけば、読者はこの書の随所にかれの思想の痕跡を目にすることができる。例えば、次のような一節はそこにその名が明示されていないとはいえ、明らかに「中庸」の徳の大切さを説くアリストテレスの政治教説である(もっとも、文中の「哲学者」がアリストテレスを指していることは十分うなずけるが)。

「哲学者は次のようにいっている。すなわち、限界を超えたものに気をつけよ。なぜなら、人がこの慎重な中庸さ(modestia)を捨てるならば、それだけその人は徳の道から逸れてしまうからである。ソロモンもいっている。「善人すぎるな。賢すぎるな」と。徳の女王たる正義が超過のうちに滅びてしまうのなら、いったい、超過によって進められるものは何なのか。また、いたるところで、こういわれている。「過剰な謙遜は、最大限の自尊である」と。左に傾くことは、徳の道から悪徳の断崖へと滑り落ちるか、逸脱することである。それゆえ、臣民の過ちを過度に罰する傾向のある場合は、左に身を寄せるようにし、反対に、悪人に対してあまりに寛大すぎる場合には、右に向きを変えるべきである。両方とも、正しい道から逸れているが、左に傾いているほうがもっと有害である」(*Policraticus*, IV, 9.)。

【中世キケロ主義】ところで、ジョンについては指摘しておかねばならない重要なポイントがもう一つある。アリストテレスとともに、いやそれ以上に見逃せないローマ共和制末期の文人政治家キケロの影響である。近年の中世政治思想史研究で注目されていることであるが、十三世紀におけるアリストテレス政治学の完全復活以前の十二世紀に

「中世キケロ主義」(Cary Nederman, "Nature, Sin and the Origins of Society : The Ciceronian Tradition in the Medieval Political Thought," *Journal of the History of Ideas*, vol. XLIX, no. 1, 1988, pp. 3-26) とも呼びうる一種の政治的自然主義の存在が確認でき、その代表者の一人がジョンにほかならない。これはキケロの初期の著作『発想について』や最晩年の『義務について』――政治思想上の著作『国家について』や『法律について』以上に中世でよく読まれた――などに窺われる教説であるが、人間社会を形成せしめる自然的原理として人間の社会的結合性を挙げ、その結合を保証するものが理性と言語であって、この二つの自然的能力によって人間は社会＝国家を形成するべく合意を取り交わすのだ、というものである。

この教説がアリストテレス政治学の流入以前の西欧中世に受け入れられたのは、そこにキリスト教的原罪の観念が否定されることなく温存されているとみなされたからである。つまり、そこには本来社会的であるが、同時に何ほどか罪深い本性を否定できないのも人間だとする人間観が披瀝されており、であるがゆえにそうした人間に共同社会の合意形成を促すためには理性と言語の力による説得という非強制的な手段――いうまでもなく、理性と言語は有無をいわせぬ強制(赤裸な暴力)ではないが、他方ア・プリオリな権威（無条件的・自動的合意）でもない――が必要だとする観念が示されていたのである。社会形成にあたっての自然主義的説明と、キリスト教的原罪論との巧みな融合といえよう。

ジョンのなかにこういうキケロ主義が存在することは先に引用しておいた『メタロギコン』（第一巻第一章）の一節からも十分窺えることであろう。そこではアリストテレスの影響を指摘したのであるが、それ以上にキケロの影響が優っていることはここでの説明で理解されたであろう。ついでながら、『メタロギコン』からもう一つ引用しておくことにする。先にみた箇所のあとの一節である。

「言葉という賜物が奪われれば、人間は野蛮な動物の状態に後退するだろう。その結果、都市は、社会生活を営み、相互に奉仕し合う友愛の場所ではなくなる。すなわち、それは、共通の絆により結びつけられた人間の共同体ではなくなって、家畜小屋のようなものとなろう。言葉による相互の了解がなければ、いかなる契約も結ばれないだろう。また、信仰と道徳のいかなる教育もなされないだろう。また人々のあいだでは、どんな相互理解もありえないだろう」(*Metalogicon*, I, 1)。

【社会的および政治的動物】さて、いずれにせよ、このような前史を受けて『政治学』

と『ニコマコス倫理学』がラテン語訳されることになるのであるが、十三世紀にアリストテレスのこの二書が西欧世界に流入してきたということの意味はやはり重大であろう。何しろここで初めて、キリスト教以前のギリシアの異教哲学者の政治教説がその全貌を露にしたからである。ここで、キリスト教以前の、といったのはほかでもない。それはつまり、キリスト教原理の根幹にある原罪という観念にいささかも影響されることのない、純粋に政治の自然性を謳う政治教説(政治的自然主義)がキリスト教中世世界に流入してきたということを意味するのである。最大のキリスト教教父アウグスティヌスの巨大な影響下にあった当時の知識人たち(教会人・聖職者)の間に、その評価をめぐって大いなる対立が生じたのも容易に想像できよう。

では、その知識人社会においてどういう対立の構図があったのか。基本的に三つの立場が鼎立していたというのが中世思想史・哲学史の常識となっている。すなわち、①あくまでも伝統的なアウグスティヌス的思想に固執し、アリストテレスへの警戒感を解かなかった保守的な立場(主にフランシスコ会に属する人びと、ロバート・グロステスト、ヘールズのアレクサンデル、ボナヴェントゥラら)、その反対に、②アリストテレス哲学をとくにアラビアの「注釈者」＝アヴェロエスの解釈にしたがって絶対的なものとして受容し、信仰と理性に関していわゆる「二重真理説」をとった、パリ大学人文学部を拠点とする急進的な立場(いわゆるラテン・アヴェロエス主義者、ブラバンのシゲルス、ダキアのボエティウスら)、そしてその中間に立って③何よりもまずアリストテレスの正確な理解を通じて、それをキリスト教の伝統的教義と調和させ、そのことによって時代に対応する新しい神学的総合を確立しようとする第三の立場(主にドミニコ会に属する人びと、トマスの師アルベルトゥス・マグヌスら)であって、トマスはまさに③の「中間の道」(via media)をとっていたのである。

このことを具体的に知ることのできる格好の例が、前に予告的に言及しておいた、トマスの選択した「社会的および政治的動物」(animal sociale et politicum)という用語である。なぜ、アリストテレスの「政治的(ポリス的)動物」(politikon zōon)という言葉をトマスは端的に「政治的動物」(animal politicum)といわなかったのだろうか。実は、ここに調和の神学者としてのトマスらしい仕掛けが働いているのである。それを知るためにも、アリストテレスの『政治学』と『ニコマコス倫理学』がどのようにラテン語に翻訳されていったのかを簡単に振り返っておこう。

中世の知識人たちがアリストテレスの『政治学』のラテン語訳を初めて手にすること

ができたのは大体一二六〇年頃とされているが、当初二種類の翻訳があった。一つは第一巻および第二巻のみのもの(全巻完訳されていたか否か、わかっていない)であり、「不完全訳」(translatio imperfecta)といわれる。その翻訳者の名も永らく未詳であったが、現在ではムールベケのグイレルムス(一二一五／三五—一二八六年)とされている。現存する写本はわずか三冊にすぎない。もう一つは全巻が完成しており、「完全訳」(translatio perfecta)といわれ、現在一〇七冊の写本が残っている。これははっきりとグイレルムスの訳になるものと認められている。そこで成立年であるが、『ケンブリッジ後期中世哲学史』(*The Cambridge History of Later Medieval Philosophy*, edited by Norman Kretzmann, Anthony Kenny, and Jan Pinborg, Cambridge UP, 1982)所収のB・ドッド「アリストテレス・ラティヌス」(Bernard G. Dod, "Aristotles Latinus," pp. 45-79)の年代リストによると、「不完全訳」が一二六〇—六四年、「完全訳」が一二六〇年頃となっている。ところで、トマスはいつ頃『政治学』を読んだのだろうか。かれの著作で、はじめてアリストテレスの「政治的(ポリス的)動物」という言葉(観念)が登場するのは『神学大全』第一部第九六問題第四項で、そこでは「人間は自然本性的に、社会的動物(animal sociale)である」と紹介されている。『神学大全』の執筆開始は彼の第一回パリ大学教授時代(一二五二—

五九年)が終わり、ローマに滞在していた一二六五年であり、この第一部(第一問題—第一一九問題)の完成が同じローマ時代の一二六六—六八年であることを考慮に入れると、かれは既に十分に『政治学』を読みこなし、「政治的(ポリス的)動物」という言葉の意味についても知悉したうえで、かれなりの用語を選択したと考えることができよう(念押しすれば、一二六六—六八年の『神学大全』第一部では「社会的動物(animal sociale)」、一二六七年頃の『君主の統治について』では、「社会的および政治的動物(animal sociale et politicum)」)。これに関連していうと、かれは『政治学』よりも前に、『ニコマコス倫理学』(ロバート・グロステストによるラテン語訳は一二四六—四七年頃。グイレルムス訳は一二五〇—六〇年頃。そこでも「政治的(ポリス的)動物」が語られている。I, 7 : 1097b 11. et al.)を読んでいるが、その『注解』(一二六九年)でも「社会的動物」という用語を使用している。

ところで、肝心のラテン語訳者グイレルムス自身はどう訳していたのか。かれの翻訳の特徴は研究者たちが一致して指摘していることであるが、原典のできうる限りの忠実な逐語訳を目指すというものであった。これはボエティウス以来、中世の翻訳者たちの間の伝統で、例えばギリシア語原典の語順のとおりに、そして原典に該当するラテン語がない場合には、原語がそのままの形でラテン語化された。しかし、こうした逐語訳の翻訳理念と方法が原典の精神を正確に伝えるものであったかどうかは疑わしい。前述B・ドッドによれば、第一に、両者の間にいくら類似性があるとはいえ、ラテン語には到底訳しえないギリシア語の文法とイディオムがあるので、例えば次のようなことが起こりうる。すなわち、ギリシア語には定冠詞があり、ラテン語にはないが、そうするとen tō einai(in being)というギリシア語の句(ラテン語にはない、tōという定冠詞と、einaiという不定詞がenという前置詞で組み合わされている)はある翻訳者によっては、ラテン語の文法とギリシア語の文法を無視して、in esseと訳され、別の翻訳者では、ラテン語文法を尊重し、かつギリシア語の定冠詞を意識して、in eo quod est esseというような無理に遠回しな表現で訳されることになる。第二に、いくつかのギリシア語には、それに対応する多くのラテン語があって、例えばlogos(word, account, definition)というギリシア語はratio, oratio, definitio, ratiocinatio, sermo, disputatio, argumentatio, verbum, proportioといった多様なラテン語で訳され、解釈の混乱が生じることになる。そして第三に、当然のことだが、翻訳者はつねに完璧に首尾一貫していることはできず、個人的気質によって訳文も左右されることになる。

グイレルムスの場合も、その例外ではないようである。かれは右のような当時の翻訳者に共通の考え方と方法で翻訳に臨んだわけであるが、politikon zōon（「政治的（ポリス的）動物」）をかれは animal civile という訳語で訳したのである。そこに、polis→civitas という連想が働いていたことはいうまでもない。しかし、ギリシア語の polis を古代ローマおよびラテン中世の都市（共同体・国家）を表す civitas と機械的に訳したとき、グイレルムスの頭のなかにはアリストテレスのいう polis の概念――つまり、その構成においては市民権（politeuma）を享受する市民の団体とか、他の事柄から区別してはっきりと政治的（politeuein）ということのできる市民たちの行動が含まれる――は存在していなかったようである。これと同様なことが、アリストテレスの koinōnia politikē をかれが communitas civile ないし communicatio civilis とラテン語訳したときも、いえそうである。

ともあれ、このようにみてくれば、トマスがアリストテレスの politikon zōon をグイレルムスのラテン語訳（animal civile）に拘束されることなく、自分自身の訳語（animal sociale et politicum）を用いて解釈していたことが了解されたであろう。そして、そのことにはやはりそれなりの隠された意図や意味があったのである。では、その隠された意図とは何か。

それは簡単にいえば、トマスはアリストテレスの politikon zōon の politikon＝politicum という意味を十分に理解していたが、その言葉に含意される異教的な臭いを放つ政治的自然主義を、伝統的なキリスト教教義を傷つけることなく、当時の社会に定着させるにはどうしたらよいか、大いに腐心したその結果が「社会的および政治的動物」という訳語の選択になったのである。というのも、アウグスティヌスに代表される正統教義においては、既にみてきたように、政治は人間の犯した堕罪の結果としてこの世に生じた「人間による人間の支配」にすぎず、その意味からすれば、人間は「社会的動物」ではあっても、「政治的動物」ではけっしてありえなかったからである。こういう否定的・消極的政治観念の圧倒的な重圧のもとで、新しく流入してきた異教のアリストテレスの政治的自然主義に心を動かされたとしても、トマスはそのままこの「政治的動物」(animal politicum)という言葉を使用するわけにはいかなかったであろう。そこにアリストテレスをほとんど全面受容しようとする急進的なラテン・アヴェロエス主義者とは一線を画そうとするかれの立場が窺えるが、それはともかく異教の政治哲学をキリスト教の正統教義のなかに矛盾なく包摂しようとする調和と総合の神学者トマスにとって、乗り越えねばならぬ最大の課題は、当然のことに「罪」(peccatum)という根本観念をどのように扱えばよいか、ということであった。

そのことを念頭に置きながら、次の発言をあらためて読み直すと、トマスがいったい何を意識していたかが手に取るようにわかる気がする。既に挙げておいた『神学大全』第一部第九六問題第四項(アリストテレスの politikon zōon についての最初の言及箇所)の一節である。

「人間は本性的に社会的動物 animal sociale なのであり、だから無垢の状態における ひとびともまた社会的な仕方で生きたであろう。然るに、多数者の社会生活は、共通の善 bonum commune を意図する何者かがこれを統轄するのでないかぎり、存在しえないであろう」(S. T., I, q. 96, a. 4. 訳文は現在刊行中の創文社版『神学大全』による。なおこの邦訳には多くの訳者がかかわっておられるので、訳者名も、邦訳版の巻数も割愛させていただく。以下同じ)。

意味はもう明らかなはずである。ここには「社会的」であることと、「政治的」であることとの間に設けられていたアウグスティヌス流の断絶の論理が暗黙裡に外されている。そしてその上で、「無垢の状態における」(in statu innocentiae) =「原罪以前の状態における」(in statu innocentiae) なんらかの政治的権威の存在が「共通善を意図し、多数者の生活を統轄する何者か」という表現で承認されているのである。これが「政治」(人間による人間の支配＝奴隷制)の発生を「原罪」以前ではなく、以後のこととするアウグスティヌス的教説の重大な変更であることは疑問の余地がない。しかし、この重大な変更をトマスはけっしてアウグスティヌスの全面否定によっておこなおうとしているのではない。そのことはいま引用した一節が置かれている全体の文脈をみてみれば、容易に了解することができる。すなわち、この第一部第九六問題第四項というのは「無垢(原罪以前)の状態における人間にふさわしい支配について」という主題を扱っているのであるが、その第四項が「無垢の状態において、人間は人間を支配(dominor)したか」という設問なのである。周知の通り、『神学大全』は当時のスコラ学の講義形式——「異論」・「反対異論」・「主文」・「異論解答」——に沿った論述スタイルをとっているわけであるが、トマスはまずこの設問に対して、「無垢の状態においては、人間が人間を支配するという事態は存在しなかった」という「異論」を提出する。その論拠はアウグスティヌスの権威ある発言である。

「アウグスティヌスは『神の国』第一九巻においていう。「神の像のごとく造られた理性的なる人間が、非理性的なるものをしか支配しない。つまり、人間が人間を支配するのではなくて、人間が畜類を支配する、これが神の欲し給うところだったのである。」と。……それゆえ、無垢の状態においては人間が人間を支配するというごとき事態は存在しえなかったはずである」。

これに対する「反対異論」はこうである。

「無垢の状態における人間の境位も天使たちのそれを超えるほどの尊いものだったわけではない。しかるに、天使たちの間にあっても、或る天使たちは他の天使たちを支配しており、さればこそ、天使の一つの階層が〈主権〉(Dominationes)の階層と呼ばれるのである。してみれば、人間が人間を支配するということは、何ら無垢の状態の尊さに背馳するものではない」。

そして「主文」となる。トマスの解答である。

「支配〈支配者たり主たること〉(dominium)ということは二様の意味に解される。一つは、奴隷的従属(servitus)に対立するものとしてであり、こうした意味においては、〈支配者・主〉(dominus)とは、何者かがこれに〈奴隷〉として服するところのものにほかならない。いま一つには、支配は、およそいかなるふうにであれ、一般に〈そのもとに立つところの者〉(subiectus)への関係において語られるのであって、こうした意味においては、自由人を統べ導く任務を有するごときそうした者もまた〈支配者・主〉と呼ばれることができる。もし、だから、支配ということを第一の仕方で解するならば、無垢の状態にあっては人間は人間を支配しなかったのであるし、支配をしかし第二の仕方に解するならば、無垢の状態においても人間は人間を支配するということはありえたであろう」。

このように、トマスは支配の内容を「奴隷的支配」と「自由人間の支配」との二つの形態に分けて、前者が確かに「原罪」以後に産み落とされたものにすぎないとしても、後者は「原罪」以前から、「原罪」にかかわりなく存在したのだと主張している。先にトマスらしい仕掛けとか、一種の戦略とかいったのは、まさにこの点についてであるが、かれはこのようにして「罪」というキリスト教の根本原理をいささかも否定することなく、政治的支配の自然性を正当化したのである。『神学大全』のみごとなまでの調和と一致の精神の発露といえようが、この二つの支配形態の内容的差異はどこにあるのか。念のため、かれ自身の言葉で聞いておこう。同じ第一部第九六問題第四項の「主文」の言葉である。

「人が、だから、その支配する当の相手を、自己の、つまり支配者自身の効益(utilitas)に関係づけている場合、こうした場合にあってはかれは相手を奴隷として支配しているのである。……こうしたわけで、無垢の状態にあっては、人間の人間に対するこのような支配は存在しえなかったであろう。……これに対して、人が、かれによって導かれる相手の者自身の善に向かって、ないしは相互に共通な善に向かって相手を導く場合、こうした場合にあってはかれを自由人として、支配しているのである」。

余分な解説はもう必要ないであろう。「奴隷的支配」と「自由人間の支配」を分かつ決定的な分水嶺はひとえに「支配を受ける当の相手自身の善」ないしは「共通善」にあるとトマスは明言しているのである(ちなみに、この「支配」のちょうど裏返しの関係にある「服従」の二つの形態についての言及においても、これとまったく同じ論理が述べられている。*S. T.*, I, q. 92, a. 1, ad2)。

さて、このようにして、トマスは原罪の観念に立脚したアウグスティヌス的なキリスト教の伝統的政治教説を根底から覆すことなく、むしろその罪観念を逆手にとって、時代に対応しうるための、いわば政治観のパラダイム転換を図ったといえよう。すなわち、かれにおいて西欧中世は初めて、それまで長い間にわたって人びとの意識のなかに刷り込まれてきたところのものとは決定的に異なる新たな政治観念、つまり罪によって汚染されてはいない、人間の自然的な営みとしての「政治」という観念を手中にすることができたのである。それは西欧中世が十三世紀という絶頂期に達して、もはやそれまでのかたくなな保守的政治観では到底立ちゆかなくなった事態に対するトマスなりの思想的対応であり、そこにかれの鋭敏な時代感覚とともに、用心深く周到な対応能力をも読み取ることができよう。その意味で、のちほど触れるつもりであるが、トマスはしばしばそういわれてきたような、初めから時代に背を向けて、時代から隔絶した安穏な場所で抽象的な思索をおこなった神学者ではけっしてない。いまみてきたばかりの異教の政治哲学者アリストテレスの politikon zōon 観念の受容において、かれがそれを animal politicum とストレートに訳さず、animal sociale et politicum という用語を選択した事実のうちに、そのことはおのずから明らかであろう(ちなみに、トマスは animal politicum という用語をまったく使用しなかったわけではない。だが、それは『君主の統治について』よりずっと後のことである。S.T., II-I, q. 61, a. 5)。

(b)『君主の統治について』の読み方に関する若干のコメント

『君主の統治について』はトマスが政治の問題について書いたほとんど唯一といってもよい独立の論文である(これ以外に、『ユダヤ人の統治について』や、『アリストテレス政治学注解』があるが)。ところで、トマスの「政治思想」が問題にされるとき、この書物が参照されないようなことなど滅多にないとはいえ、たいていの場合その政治思想なるものを包み込んでいるはずの背後の、もっと大きな思惟の全体的枠組みやその神学的=形而上学的基礎のほうが優先的に問われるのが常である。例えば、E・ジルソン、P・マンドネ、F・ステーンベルヘン、M・グラープマン、M・ド・ウルフ、F・コプルストンといった哲学史家の場合はひとまず措き、トマスの政治思想を問題にしようとした政治思想史家の草分けの一人にA・P・ダントレーヴがいるが、そのかれがかつて述べた言葉はそのあたりのことをよく表すものであろう。

「聖トマスは、かれ自身の政治理論について明快な説明を残念ながら残していないと、ときには慨嘆される。だが、かれの著作のなかに含まれているあれこれの言表から、そうした理論の主要な大綱を再構成することはかなりたやすいことである。もっともその場合、われわれはそれらの言表が収まっている全般的枠組みを忘れてはならないし、またこの言表にその意義を付与している全般的枠組みを忘れてはならないことが前提であるのだが」(Alexander Passerin D'Entreves, *The Medieval Contribution to Political Thought*, Oxford UP, 1939, p. 19〔『政治思想への中世の貢献』友岡敏明・柴田平三郎訳、未來社、一九七九年、三八頁〕)。

ここで「かれの著作」といわれているものはもちろん『君主の統治について』だけでなく、『ペトルス・ロンバルドゥス命題集注解』から『神学大全』と『対異教徒大全』の二つの大全、アリストテレスの『ニコマコス倫理学』と『政治学』についての『注解』を指しているが、こういう認識は近年の中世政治思想史研究者たちの間でも揺らぐことなく共有されている。例えば、C・ニーダーマンとK・L・フォーハンはトマス政治思想理解の主要源泉である『神学大全』の読み方に関して、こう語っている。

「われわれは『神学大全』をトマスの政治教説の凝縮した言明としてではなく、かれにとって政治理論というものが、いかにその背後のより広い神学的枠組みから離れられないかの表示としてみなければならない」(Cary J. Nederman, and Kate L. Forhan, *Medieval Political Theory—A Reader : The Quest for the body politic, 1000-1400*, Routledge, 1993, p. 99)。

確かに、トマスの政治思想の総体に近づこうとする場合、それを背後で大きく包摂している思惟の全体的枠組みや神学的・形而上学的前提がまず問われなければならないのは自明のことである。このことはおよそ知のあり方が『神学大全』の「序文」において明らかにされているように、基本的に「聖なる教え(神学)」(sacra doctrina)として観念されていたトマスにあっては当然すぎる認識というべきであろう。

「われわれは、……聖なる教え(sacra doctrina)に属する諸般の事柄を題材の許すかぎりの簡潔かつ明晰な仕方でもって追求するという仕事を、神助に信頼しつつ試みたいと思う」(*S.T.*, prologus)。

そして、あらためて指摘するまでもないことであるが、「恩寵は自然を廃することなく、かえってこれを完成する」(gratia non tollit naturam, sed perficit. *S.T.*, I, q. 1, a. 8, ad2)というあまりにも有名な基本原理によって、アウグスティヌス以来、長らく低く貶められてきた自然の世界の復権、いいかえれば超自然的秩序からの自然的秩序の相対的自立が図られたことによって(自然的な)政治の領域が認知されるにいたったのである。

しかし、同時に、実は意識しておかなければならない問題点もそこには存在する。それはトマスという人物は、いわれてきたようには、時代の生々しい現実から隔絶した、いたって静穏な地平で思索をおこなった神学者ではけっしてなかったということである。よく知られているように、かれは生涯に二度、パリ大学神学部教授として教鞭を執ったが、その最初の教授就任(一二五二年)は限られた教授ポストの配分をめぐって当時神学部を混乱に陥れていた教区教授団と修道会側との間の一連の紛争のなかで、修道会所属のかれがいわば「スト破りの最初の連続講義」(A・ケニー『トマス・アクィナス』高柳俊一・藤野正克訳、教文館、一九九六年、一三頁)を強行するという形でなされたのであった。それゆえ、かれが世に知られるにいたった時期——すなわち、五歳でモンテ・カッシーノのベネディクト会修道院に修道志願児童として送られ、一四歳でナポリ大学人文学部に入学し、ドミニコ托鉢修道会と出会い、次いで師アルベルトゥス・マグヌスに従ってケルン大学に学んだ後、パリ大学神学部教授となって以後の——以降の公的な生涯が如実に示しているように、教会当局によって時代の課題を的確に摑み、それに応答することを強いられ続けた神学者、しかも異教の哲学者アリストテレスとの深い親和性ゆえにキリスト教的アリストテレス主義者として保守的な教会人や神学者たちからは常に猜疑の眼でみられていた人物、それがトマスだったのである(トマスの生涯を知るには、外国語の文献に頼らずとも、稲垣良典氏による優れたトマス概説書『人類の知的遺産20 トマス・アクィナス』講談社、一九七九年を読めば、十分であろう。なお、トマスの思想世界とかれの生きた時代との関係については、柴田平三郎「〈書物に殉じた鈍牛〉——トマス・アクィナスの思想世界」『獨協法学』第五〇号、二〇〇〇年、「〈歴史舞台の上のトマス〉——中世の夏＝十三世紀」『獨協法学』第五一号、二〇〇〇年を参照されたい)。

さて、このようにみてくれれば、トマスの政治的諸見解をともすればかれの抽象的な神学的・形而上学的思惟からのみ抽出しようとする傾向のある従来の方法を踏襲するだけでは、事柄の真実に近づきえないのがわかるであろう。

「伝記的な詳細はトマスの政治思想の解釈にあたっては、ほとんどあるいはまったく意味をもっていない。かれの学者としての、平穏無事な生涯は世間から相当に隔離された修道院と教室という場所で費やされた」(A. P. D'Entreves, "Introduction," in *Aquinas, Selected Political Writings*, Basil Blackwell, Oxford, 1970, p. vii)。

これもダントレーヴの言葉であるが、こういう予断で終始してしまうと、ときにトマスの示すリアルな政治認識を見落としてしまいかねないこととなる。そうしたことが顕著に現れる一つの例はかれの政体論についての評価においてであろう。

トマスは結局のところ、いかなる政体を最善のものと考えているのだろうか。本書『君主の統治について』では当然のことながら、一人の支配者による統治＝君主制が人間の自然本性および事実の双方に合致しているとの理由から(第一巻第二章[17]―[20])、さらには神の宇宙支配の理法にも適合しているという理由から(第一巻第三章[25]、第一二章[93]―[95])最善のものという前提の上で、「私的善」ではなく「共通善」の追求を目的とする統治者（君主）のあり方が説かれている。その意味で、本書に関する限り、トマスは明らかに君主制を最善の統治形態とみなしているわけである。もちろん、前にも言及しておいたように、かれはアリストテレスにしたがって、統治の目的（共通善か私的善か）と、支配者の数（一人・少数・多数）との組み合わせによって正しい政体（王制・貴族制・ポリティア）と不正な政体（僭主制・寡頭制・民主制）の都合六つの政体があるという議論を展開している（第一巻第一章〔11〕―〔12〕、第三章〔21〕―〔24〕）が、かれが君主制（王制）を最善の統治形態と考えていることは疑問の余地がない。

ところが、一方において、その同じトマスが君主制よりも君主制・貴族制・民主制のそれぞれ良き特性を混合した統治形態を最善のものとする主張を披瀝していることもよく知られている事実であろう。それは『神学大全』のなかで述べられているのであるが、次のような一節である。少々長いが、引用しておきたい。

「或る国家もしくは国民における首長たちの善き秩序づけに関しては、二つの点に注意しなくてはならない。その一つは、すべての者が統治に何らかの仕方で参与するように配慮することである。けだし、このことによって人民の間に平和が保たれ、すべての者がこうした秩序づけを好み、大事にするからであって、この点『政治学』第二巻にいわれているごとくである。もう一つは統治形態(regimen)、もしくは主権者確定(ordinatio principatuum)の種類にしたがって留意されることがらである。すなわち、アリストテレスが『政治学』第三巻において論じているごとく、それにはさまざまの種類があるが、主要なものは、一人が卓越さにもとづいて(secundum virtutem)支配するところの王制、および、或る少数者が卓越さのゆえに支配するところの貴族制——つまり最善なる者の権力——である。ここからして、或る国家もしくは王国において首長たちを秩序づけ・確定する最善の方式は、すべての者に優る一人が卓越さにもとづいて君臨し、そしてその下に、卓越さのゆえに支配するところの何らかの者たちがいるような種類のものである。しかも、かかる主権は、すべての者が首長として選ばれることができ、またすべての者によって選ばれるところから、すべての者に属するものである。けだし、かくのごときものが最善の国制(optima politia)であり、それは一人が君臨するかぎりにおいて王制、多くの者が卓越さにもとづいて統治するかぎりにおいて貴族制、そして首長たちが人民のなかから選ばれることができ・またかれらによって選ばれるかぎりにおいて民主制、つまり人民の権力であるというふうに、それらのものがうまく組み合わせられている(bene commixta)ものである」(S. T., II-I, q. 105, a. 1.)。

見ての通り、ここでは明らかに混合政体――すなわち、一人の者の卓越性(君主制)、卓越した少数者による補佐(貴族制)、そして多数者人民による支配者の選出(民主制)――が最善の統治形態とされており(S.T., II-I, q. 95, a. 4も併せて参照されたい)、このようなくだりを読む限り、トマスを単純に君主制論者と片付けるわけにはいかないように思われる。もっとも、その一方で、同じ『神学大全』の他の箇所では、君主制を主張して、次のように述べられている事実があることも看過できないであろう。

「世界は一なるものによって統宰されているとすべきは当然である。けだし、世界統宰の目的は本質的に善なるもの(essentialiter bonum)すなわち最善なるものに存する以上、世界統宰もまた当然、最善のそれでなくてはならぬ。最善の統宰は、しかるに、一なるものによっておこなわれる統宰である。その理由はというに、統宰とはまさしく、統宰されるところのものを、目的すなわち或る善へ向かわしめることにほかならない。善性(bonitas)の特質には然るに一性(unitas)が属しているのであって、これは、ボエティウスが『哲学の慰め』第三巻のなかで、万物は〈善〉を希求するごとく、同様にまた、それなくしては存在することができない〈一たること〉を希求する、ということによって証明しているところである。……最善なる世界統宰は、それゆえ、一なる統宰者に由来するとするほかはない。アリストテレスが『形而上学』第一二巻において次のように述べているのもこの趣旨による。「もろもろの有(entia)は悪しく統べられることを欲しない。頭の多いのはよろしくない。頭(princeps)は、やはり一人にしたがよい」」(*S.T.*, I, q. 103, a. 3)。

一体、このような「外見上の矛盾した所説」(J・B・モラル『中世の政治思想』柴田平三郎訳、平凡社、二〇〇二年、一一八頁)を、どのように考えるべきなのだろうか。この問題に関して、実に多様な見解が学者たちによって表明されている。トマスを絶対君主制の唱道者と断ずる学者もいれば、制限君主制の擁護者だとみなす学者、あるいは共和制の主張者と考える学者もあれば、混合政体論者というところに落ち着かせる学者といった具合である。これらの見解を示している代表的な政治思想史家の著作に関しては、James M. Blythe, "The Mixed Constitution and The Distinction between Regal and Political Power in the Work of Thomas Aquinas," *Journal of the History of Ideas*, vol. xlviii, no. 4, 1986, pp. 547-8を参照されたい。この論稿は現在では、同じ著者の *Ideal Government and the Mixed Constitution in the Middle Ages*, Princeton UP, 1992, chap. 3に入っている。

ここでは、訳者の見解は慎みたい。いま問題にしているのは大きくいってトマスの政治思想への接近方法に関してであって、かれの個別の論点に関する解釈ではない。要するに、この間の論述、つまりかれの政体に関する諸発言の確認を通して訳者がいいたいのは至極単純なことである。それは約言すれば、トマスの「政治思想」に肉薄したいと願うのならば、われわれはひとまず現実世界から隔絶した場所で抽象的な思索に耽っていた〈体系家トマス〉といった既成の固定的イメージから自由にならねばならないということである。この点は本書『君主の統治について』を読む場合に、とくに意識されねばならないであろう。というのも、この書は「謹んでキプロス王に捧げる」(*ad regem Cypri*)という献辞が示すように、トマスの属するドミニコ会の庇護者でもあったキプロスの君主のために、あるべき理想の君主の心得を説くことを要請されたかれが、そういうきわめて現実的、実践的な課題に応えて筆を執ったものである。それゆえ、本書はかれの他の神学・哲学的著作、とりわけあの思想のゴシック建築といわれる『神学大全』のような壮大な体系的・総合的書物——その意味で抽象度がことのほか高い——と同列に扱うわけにはいかないのである(しかも、そのうえに本書は未完に終わっているという事情がある)。

このことはまた、本書『君主の統治について』で言及されている他の重要な主題、例えば「暴君放伐論」(第一巻第六章[41]—[52])や「国家と教会の関係」の問題(第一巻第一四章[102]—[113])などについてもいいうることであろう。これらの問題はいずれもトマスの政治思想における中心的主題であって、よく引用もされるところである。

いま、前者についてだけいえば、当該箇所にみられるように、暴君——共通善への配慮を失って私的善にのみ走った君主はもはや君主ではなく、暴君(僭主)にすぎない——に対するなんらかの抵抗や対策の必要性が説かれている。かれの議論を要約すれば、次のようになろう。一人の支配が最悪の支配である僭主制に陥らないような手立てとして、①暴君になることなど考えられないような人物が関係者によって推薦されねばならないこと、②一度王位に就いたならば、その統治から専制の機会が除去されねばならないこと、③その権力も制限されねばならないこと、が必要である。しかし、それでも専制化した場合には、なんらかの対策が考えられねばならないが、それが過度の専制でない限り、それに服従すべきである。その理由は、①暴君を打倒できる保証はなく、失敗した場合、かれはいっそう暴君となる、②打倒できたとしても、そのこと自体によって民衆間に反目と分裂が起こる、③さらなる暴君が出現する虞れがある、④しかも暴君放伐は使徒の教えに反する、⑤むしろ正しい君主の追放になりかねない、からである。したがって、最終的に暴君排除の判断と行使は個人――「私的な独断」(privata presumptio)――にではなく、「公的な権威」(publica auctoritas)に委任されねばならないということである(［47］―［48］)。

こうみてくると、ここでのかれの議論はいわれてきたほどには、暴君放伐について積極的な肯定を表明しているものというわけではないように思われる。「僭主に対してどのような人的救助も期待できない場合には、すべてのものの王であり、艱難辛苦のときにはいつでも助け手であられる神に頼るべきである」(［51］)という言葉がかれの思想の根底にあるのだといえようか。

その一方ではしかし、かれは初期の作品『ペトルス・ロンバルドゥス命題集注解』ではユリウス・カエサルを殺害した人びとを称讃したキケロを引き合いにだして暴君放伐を正当化し、『神学大全』では一定の留保を付しながらも、次のように語っているのである。

「暴君の支配は正しくない。なぜならそれは、アリストテレスによって、『政治学』第三巻、および、『倫理学』第八巻において、明らかなごとく、共通善へ向けて整えられておらず、支配者の私的な善に向けて整えられているのだからである。だから、こうした体制を揺るがすことは、内乱の特質にはあたらない。ただし、暴君の支配が節度を越えて揺るがされて、それから生じた混乱からして、従属している多数者集団が、暴君の支配からよりもより大きな被害を蒙るほどの場合には、おそらく別であるが……」(*S. T.*, II-II, q. 42, a. 2)。

さて、このあたりで、この解説を閉じたい。重複するが、最後に再確認しておきたいのはトマスもまた、当然のことながら、こと「政治的」な問題に関する限り、その時どきの社会的・政治的状況にそれなりに反応し、それに対応した、異なる見解を抱懐していたに違いないということである。その点においては、かれも一人の生身の人間であることに変わりはなく、他の多くの思想家と本質的な差異があろうはずはない。かれはけっして自分の生きた経験的世界からなんの影響も受けずに、俗界から閉ざされた修道院の厚い石壁の内側のなかで高度に抽象的・観念的な思弁を弄んでいたわけではなかったのである。少なくとも、『君主の統治について』という小品を読む場合、この平凡すぎる認識をもっておくことは従来ややもすると中世スコラ哲学の堅い氷塊のうちに凍結されてきた観のあるトマス像を幾分か解凍させ、その真の姿を今日に甦らせるための一助にはなるのではないだろうか。この点で、既に政治思想史の分野において、トマスの政治思想の形成をかれの生きた具体的な社会的コンテクストのなかで解明しようとする試みがなされているのを指摘することができる。例えば、次の二文献は必読のものである。Thomas Gilby, *The Political Thought of Thomas Aquinas*, Chicago UP, 1958. Jeremy Cato, "Ideas and Experience in the Political Thought of Aquinas," *Past and Present*, no. 71, 1976, pp. 3–21.

文庫版へのあとがき

本訳書は二〇〇五年に慶應義塾大学出版会より刊行されたものを底本としている。このたび岩波文庫への収録をお認めくださった慶應義塾大学出版会のご宏量に対して、まずは心より御礼を申し上げたい。

旧版の「訳者あとがき」にも記したことであるが、本訳書には既訳が存在する。上田辰之助『聖トマス経済学――中世経済学史の一文献』(刀江書院、昭和八年(一九三三年))のなかに収められた、同氏訳「キプルス國王に上がり『君主の統治』を論ずるの書」がそれである。同書は戦後になって昭和五三年(一九七八年)に臨川書店から初版の紙型そのままに復刻が出されたが、そののち上田辰之助著作集(みすず書房)の第一巻(平成三年(一九九一年))に収められている。

この上田訳は、広く和漢洋の学問に通暁した上田博士ならではの、きわめて格調の高い擬古文体で訳出されている。訳者はいまもこの上田訳に対して深い尊敬の念を失う者ではないが、一方において戦後の国語教育を受けて久しい現代の多くの日本人、とりわけ若い世代にはもはや通用しないであろうことを認めざるをえない。おそらく、上田訳はかれらには第二外国語よりも難解に映るのではないだろうか。また当然のことではあるが、いまから実に七十六年も前のこの上田訳はその後のトマス研究の進捗の成果を知らないわけであり、いくつかの誤読も散見される。したがって、本訳書で第一に心掛けたのはいまを生きる私たちの言語感覚に合うように、あくまでも読みやすい現代語として訳出することであった。

トマスのこの著作は小品とはいえ、西欧政治思想史において欠くことのできぬ重要な位置を占めている。だが、それにもかかわらず、我が国においては等閑に付されてきたとの感が否めない。これはいったい、どういうことなのだろうか。政治思想史といえば、古代はギリシアのプラトン、アリストテレス、ローマのキケロ、セネカぐらいで済ませ、それを継ぐ一千年の中世は本来的に政治に背を向けた彼岸志向の世界とみなされ、マキアヴェッリをもって政治思想の復活がなされて、近代が始まるといったかつての平板な近代主義的解釈がいまだに払拭されていないためなのだろうか。もしこうした仮定が当たっているとすれば、例えば中世政治思想史学の泰斗カーライル兄弟(R. W. & A. J. Carlyle)がいまから一世紀以上も前に指摘したことは現在においても、まったく変わっていないことになる。

「プラトン、アリストテレスの現実的で深遠な政治思想と近代の活発な政治的思索との間には、途方もない時間の隔たりと、同様に途方もない性格の隔たりが横たわっている。そしてこの二つの時期の間には、生き生きとした、現実的な政治理論などというものは存在しなかったとしばしば考えられてきた」(*A History of Mediaeval Political Theory in the West*, vol. 1, 1903, p. 1)。

カーライル兄弟はこう述べて、長い間西欧人の意識を縛ってきた貧しい中世観の蒙を啓くべく西欧中世政治理論史の浩瀚な概説書(全六巻)を著わしたのだが、かれらの学問的営為は我が国の同学の研究者たちの間では共通の財産とはなっていないのだろうか。

もちろん、そのようなことはないであろう。少なくとも今日、政治思想史に関心を抱く者たちにとっては、もはや中世を無視してはなにも始まらない、という意識はむしろ常識といってよい。そして、特筆すべきことであるが、私たちが書店に行けば、そこの棚には西欧の中世であれ、日本の中世であれ、さまざまなジャンルにわたる多くの中世本が事もなげに並んでいるのを目にすることができる。こうした中世熱とでも呼べるような現象の背後には、かつてのイデオロギー色の濃い〈近代の超克〉論から発する復古的、反動的な中世賛美とは異なる、人類の歴史そのものに対する謙虚な眼差しがあるように思う。そう考えてみると、訳者が中世政治思想史を学び始めた四〇年前とは明らかに趣を異にする風景が現出しているようである。

だが、そうとはいいながら、今日の隆盛をきわめる中世史研究にあって、こと政治思想史の領域に限っては、研究の遅れている実情はやはり否定しがたい。そのことはなによりもこの分野での基本原典の邦訳の圧倒的な乏しさに窺われる。その意味で、トマスの『君主の統治について』がこのたび岩波文庫に収録されることとなったのは意義深く、訳者として嬉しい限りである。

本訳書についての詳細に関しては、「訳者解説」のなかで一通りのことは述べたので、これ以上の卑見をひけらかすつもりはない。なにはともあれ、十三世紀を代表するカトリック神学者トマスの、ほとんど唯一ともいえるこの政治的著作(他にアリストテレス『政治学』、『ニコマコス倫理学』についての『注解』などがあるが)を直にお読みいただきたいと思う。

ただ、そこでトマスがアリストテレスに倣って、人間を自然的本性として「社会的および政治的動物」であると強調している点について、いま一度注意を喚起しておきたい。トマスはそうした人間本性のうちにあるもろもろの共同社会的な徳性(友愛・真実)を相互に培いながら、なによりも「共通善」の実現に配慮する権威を中心として「単に生きること」ではなく、「善く生きること」を求めていこうとしている。このトマスの思想は西欧中世という、私たちにとって遠く、無縁な過去の世界のなかに封印されてしまってよいものではないと思う。

翻って考えてみるに、アリストテレス＝トマス的人間観を全否定し、人間を一切の歴史的・社会的文脈から切り離された「原子論的個人」と捉えてきた近代思想にまったく問題がなかったなどと強弁できる人は、今日いったいどれだけいるだろうか。そう想像してみると、そのような孤立した人間たちの自然状態とは「人間は人間に対して狼」であり、「万人の万人に対する戦争状態」であるとして、そこからの脱出の方途として相互の社会契約を取り交わし、強大な国家(リヴァイアサン)を形成するというホッブズ以降の近代政治思想が行き着いた果てに生きる私たちにとっては、西欧政治思想史上のもう一つの流れであるこのアリストテレス＝トマス的政治思想の存在を知り、それを心静かに味読してみることは十分に意味のあることだと思う。

最後になったが、本文庫への収録の仲介をしてくださったのは加藤節氏である。ご厚情に心から感謝を申し上げたい。また岩波書店文庫編集部の入谷芳孝氏には実務を担当していただいた。記して謝意を表する。

柴田平三郎

二〇〇九年六月

〔編集付記〕

本書はトマス・アクィナス／柴田平三郎訳『君主の統治について——謹んでキプロス王に捧げる』（慶應義塾大学出版会、二〇〇五年九月刊行）を文庫化したものである。

（岩波文庫編集部）

ヤ 行

ラ 行

ナ 行

ハ 行

マ 行

タ 行

サ 行

索　引

ア 行

カ 行

君主《くんしゅ》の統治《とうち》について――謹《つつし》んでキプロス王《おう》に捧《ささ》げる
トマス・アクィナス著

2009年9月16日　第1刷発行
2023年7月14日　第3刷発行

訳　者　柴田平三郎《しばたへいざぶろう》

発行者　坂本政謙

発行所　株式会社 岩波書店
〒101-8002 東京都千代田区一ツ橋 2-5-5
案内 03-5210-4000　営業部 03-5210-4111
文庫編集部 03-5210-4051
https://www.iwanami.co.jp/

印刷・三秀舎　カバー・精興社　製本・松岳社

ISBN 978-4-00-336212-9　Printed in Japan

読書子に寄す

——岩波文庫発刊に際して——

岩波茂雄

真理は万人によって求められることを自ら欲し、芸術は万人によって愛されることを自ら望む。かつては民を愚昧ならしめるために学芸が最も狭き堂宇に閉鎖されたことがあった。今や知識と美とを特権階級の独占より奪い返すことはつねに進取的なる民衆の切実なる要求である。岩波文庫はこの要求に応じそれに励まされて生まれた。それは生命ある不朽の書を少数者の書斎と研究室とより解放して街頭にくまなく立たしめ民衆に伍せしめるであろう。近時大量生産予約出版の流行を見る。その広告宣伝の狂態はしばらくおくも、後代にのこすと誇称する全集がその編集に万全の用意をなしたるか。千古の典籍の翻訳企図に敬虔の態度を欠かざりしか。さらに分売を許さず読者を繋縛して数十冊を強うるがごとき、はたしてその揚言する学芸解放のゆえんなりや。吾人は天下の名士の声に和してこれを推挙するに躊躇するものである。このときにあたって、岩波書店は自己の責務のいよいよ重大なるを思い、従来の方針の徹底を期するため、すでに十数年以前より志して来た計画を慎重審議この際断然実行することにした。吾人は範をかのレクラム文庫にとり、古今東西にわたって文芸・哲学・社会科学・自然科学等種類のいかんを問わず、いやしくも万人の必読すべき真に古典的価値ある書をきわめて簡易なる形式において逐次刊行し、あらゆる人間に須要なる生活向上の資料、生活批判の原理を提供せんと欲する。この文庫は予約出版の方法を排したるがゆえに、読者は自己の欲する時に自己の欲する書物を各個に自由に選択することができる。携帯に便にして価格の低きを最主とするがゆえに、外観を顧みざるも内容に至っては厳選最も力を尽くし、従来の岩波出版物の特色をますます発揮せしめようとする。この計画たるや世間の一時の投機的なるものと異なり、永遠の事業として吾人は微力を傾倒し、あらゆる犠牲を忍んで今後永久に継続発展せしめ、もって文庫の使命を遺憾なく果たさしめることを期する。芸術を愛し知識を求むる士の自ら進んでこの挙に参加し、希望と忠言とを寄せられることは吾人の熱望するところである。その性質上経済的には最も困難多きこの事業にあえて当たらんとする吾人の志を諒として、その達成のため世の読書子とのうるわしき共同を期待する。

昭和二年七月

《東洋文学》〔赤〕

- 楚辞　小南一郎訳注
- 杜甫詩選　黒川洋一編
- 李白詩選　松浦友久編訳
- 唐詩選 全三冊　前野直彬注解
- 完訳 三国志 全八冊　小川環樹・金田純一郎訳
- 西遊記 全十冊　中野美代子訳
- 菜根譚　洪自誠／今井宇三郎訳注
- 浮生六記 ―浮生夢のごとし　沈復／松枝茂夫訳
- 阿Q正伝・狂人日記（吶喊） 他十二篇　魯迅／竹内好訳
- 魯迅評論集　竹内好編訳
- 家 全二冊　巴金／飯塚朗訳
- 新編 中国名詩選 全三冊　川合康三編訳
- 遊仙窟　張文成／今村与志雄訳
- 唐宋伝奇集 全二冊　今村与志雄訳
- 聊斎志異 全二冊　蒲松齢／立間祥介編訳
- 白楽天詩選 全二冊　川合康三訳注
- 文選 全六冊　川合康三・富永一登・釜谷武志・和田英信・浅見洋二・緑川英樹訳注
- 曹操・曹丕・曹植詩文選　川合康三編訳
- ケサル王物語 ―チベットの英雄叙事詩　アレクサンドラ・ダヴィッド＝ネール／アプル・ユンテン／富樫瓔子訳
- バガヴァッド・ギーター　上村勝彦訳
- 朝鮮民謡選　金素雲訳編
- 尹東柱詩集 空と風と星と詩　金時鐘編訳
- アイヌ神謡集　知里幸惠編訳
- アイヌ民譚集 付 えぞおばけ列伝　知里真志保編訳

《ギリシア・ラテン文学》〔赤〕

- ホメロス イリアス 全二冊　松平千秋訳
- ホメロス オデュッセイア 全二冊　松平千秋訳
- イソップ寓話集　中務哲郎訳
- アイスキュロス アガメムノーン　久保正彰訳
- アイスキュロス 縛られたプロメーテウス　呉茂一訳
- アンティゴネー　ソポクレース／中務哲郎訳
- ソポクレス オイディプス王　藤沢令夫訳
- ソポクレス コロノスのオイディプス　高津春繁訳
- バッカイ ―バッコスに憑かれた女たち　エウリーピデース／逸身喜一郎訳
- ヘシオドス 神統記　廣川洋一訳
- ヘーシオドス 仕事と日　松平千秋訳
- 女の議会　アリストパネース／村川堅太郎訳
- アポロドーロス ギリシア神話　高津春繁訳
- ギリシア・ローマ抒情詩選 ―花冠　呉茂一訳
- 黄金の驢馬　アープレーイユス／呉茂一・国原吉之助訳
- オウィディウス 変身物語 全二冊　中村善也訳
- ギリシア・ローマ神話 付 インド・北欧神話　ブルフィンチ／野上弥生子訳
- ギリシア・ローマ名言集　柳沼重剛編
- ローマ諷刺詩集　ペルシウス・ユウェナーリス／国原吉之助訳

《南北ヨーロッパ他文学》(赤)

ダンテ 新生 — 山川丙三郎訳
珈琲店・恋人たち — ゴルドーニ 平川祐弘訳
夢のなかの夢 — タブッキ 和田忠彦訳
カヴァレリーア・ルスティカーナ 他十一篇 — G・ヴェルガ 河島英昭訳
カルヴィーノ イタリア民話集 全二冊 — 河島英昭編訳
むずかしい愛 — カルヴィーノ 和田忠彦訳
パロマー — カルヴィーノ 和田忠彦訳
カルヴィーノ アメリカ講義 —新たな千年紀のための六つのメモ — 米川良夫 和田忠彦訳
まっぷたつの子爵 — カルヴィーノ 河島英昭訳
魔法の庭・空を見上げる部族 他十四篇 — カルヴィーノ 和田忠彦訳
ペトラルカ ルネサンス書簡集 — 近藤恒一編訳
ペトラルカ 無知について — 近藤恒一訳
美しい夏 — パヴェーゼ 河島英昭訳
流刑 — パヴェーゼ 河島英昭訳
祭の夜 — パヴェーゼ 河島英昭訳
月と篝火 — パヴェーゼ 河島英昭訳

休戦 — プリーモ・レーヴィ 竹山博英訳
ウンベルト・エーコ 小説の森散策 — 和田忠彦訳
バウドリーノ 全二冊 — ウンベルト・エーコ 堤康徳訳
タタール人の砂漠 — ブッツァーティ 脇功訳
七人の使者・神を見た犬 他十三篇 — ブッツァーティ 脇功訳
ラサリーリョ・デ・トルメスの生涯 — 会田由訳
ドン・キホーテ 前篇 全三冊 — セルバンテス 牛島信明訳
ドン・キホーテ 後篇 全三冊 — セルバンテス 牛島信明訳
娘たちの空返事 他一篇 — モラティン 佐竹謙一訳
プラテーロとわたし — J・R・ヒメーネス 長南実訳
オルメードの騎士 — ロペ・デ・ベガ 長南実訳
セビーリャの色事師と石の招客 他一篇 — ティルソ・デ・モリーナ 佐竹謙一訳
ティラン・ロ・ブラン 全四冊 — J・マルトゥレイ M・J・ダ・ガルバ 田澤耕訳
ダイヤモンド広場 — マルセー・ルドゥレダ 田澤耕訳
完訳 アンデルセン童話集 全七冊 — 大畑末吉訳
即興詩人 全二冊 — アンデルセン 大畑末吉訳
アンデルセン自伝 — 大畑末吉訳

ここに薔薇ありせば 他五篇 — ヤコブセン 矢崎源九郎訳
フィンランド叙事詩 カレワラ 全二冊 — リョンロット編 小泉保訳
王の没落 — イェンセン 長島要一訳
イプセン 人形の家 — 原千代海訳
イプセン 野鴨 — 原千代海訳
令嬢ユリェ — ストリントベルク 茅野蕭々訳
ポルトガリヤの皇帝さん — ラーゲルレーヴ イシガオサム訳
アミエルの日記 全四冊 — 河野与一訳
クオ・ワディス 全三冊 — シェンキェーヴィチ 木村彰一訳
山椒魚戦争 — カレル・チャペック 栗栖継訳
ロボット (R・U・R) — チャペック 千野栄一訳
白い病 — カレル・チャペック 阿部賢一訳
灰とダイヤモンド 全二冊 — アンジェイェフスキ 川上洸訳
牛乳屋テヴィエ — ショレム・アレイヘム 西成彦訳
完訳 千一夜物語 全十三冊 — 豊島与志雄 渡辺一夫 佐藤正彰 岡部正孝 訳
ルバイヤート — オマル・ハイヤーム 小川亮作訳
ゴレスターン — サァディー 沢英三訳

- アブー・ヌワース アラブ飲酒詩選　塙 治夫編訳
- 王書 ―古代ペルシャの神話・伝説　フェルドウスィー　岡田恵美子訳
- 中世騎士物語　ブルフィンチ　野上弥生子訳
- コルタサル短篇集 悪魔の涎・追い求める男 他八篇　木村榮一訳
- 遊戯の終わり　コルタサル　木村榮一訳
- 秘密の武器　コルタサル　木村榮一訳
- ペドロ・パラモ　ファン・ルルフォ　杉山晃・増田義郎訳
- 燃える平原　ファン・ルルフォ　杉山晃訳
- 伝奇集　J.L.ボルヘス　鼓直訳
- 創造者　J.L.ボルヘス　鼓直訳
- 続審問　J.L.ボルヘス　中村健二訳
- 七つの夜　J.L.ボルヘス　野谷文昭訳
- 詩という仕事について　J.L.ボルヘス　鼓直訳
- 汚辱の世界史　J.L.ボルヘス　中村健二訳
- ブロディーの報告書　J.L.ボルヘス　鼓直訳
- アレフ　J.L.ボルヘス　鼓直訳
- 語るボルヘス ―書物・不死性・時間ほか　J.L.ボルヘス　木村榮一訳

- 20世紀ラテンアメリカ短篇選　野谷文昭編訳
- フエンテス短篇集 アウラ・純な魂 他四篇　木村榮一訳
- アルテミオ・クルスの死　フエンテス　木村榮一訳
- グアテマラ伝説集　M・A・アストゥリアス　牛島信明訳
- 緑の家 全二冊　バルガス＝リョサ　木村榮一訳
- 密林の語り部　バルガス＝リョサ　西村英一郎訳
- ラ・カテドラルでの対話　バルガス＝リョサ　旦敬介訳
- 弓と竪琴　オクタビオ・パス　牛島信明訳
- 失われた足跡　カルペンティエル　牛島信明訳
- ラテンアメリカ民話集　三原幸久編訳
- やし酒飲み　エイモス・チュツオーラ　土屋哲訳
- 薬草まじない　エイモス・チュツオーラ　土屋哲訳
- マイケル・K　J.M.クッツェー　くぼたのぞみ訳
- ミゲル・ストリート　V・S・ナイポール　小沢自然・小野正嗣訳
- キリストはエボリで止まった　カルロ・レーヴィ　竹山博英訳
- クアジーモド全詩集　河島英昭訳
- ウンガレッティ全詩集　河島英昭訳

- クオーレ　デ・アミーチス　和田忠彦訳
- ゼーノの意識 全二冊　ズヴェーヴォ　堤康徳訳
- 冗談　ミラン・クンデラ　西永良成訳
- 小説の技法　ミラン・クンデラ　西永良成訳
- 世界イディッシュ短篇選　西成彦編訳

《ロシア文学》〔赤〕

オネーギン	プーシキン 池田健太郎訳
スペードの女王・ベールキン物語	プーシキン 神西清訳
外套・鼻	ゴーゴリ 平井肇訳
日本渡航記 —フレガート「パルラダ」号より	ゴンチャロフ 井上満訳
ルーヂン	ツルゲーネフ 中村融訳
貧しき人々	ドストイエフスキイ 原久一郎訳
二重人格	ドストエフスキー 小沼文彦訳
罪と罰 全三冊	ドストエフスキー 江川卓訳
白痴 全二冊	ドストエーフスキイ 米川正夫訳
カラマーゾフの兄弟 全四冊	ドストエーフスキイ 米川正夫訳
アンナ・カレーニナ 全三冊	トルストイ 中村融訳
幼年時代	トルストイ 藤沼貴訳
戦争と平和 全六冊	トルストイ 藤沼貴訳
トルストイ民話集 人はなんで生きるか 他四篇	中村白葉訳
トルストイ民話集 イワンのばか 他八篇	中村白葉訳
イワン・イリッチの死	トルストイ 米川正夫訳
復活 全二冊	トルストイ 藤沼貴訳
人生論	トルストイ 中村融訳
かもめ	チェーホフ 浦雅春訳
ワーニャおじさん	チェーホフ 小野理子訳
桜の園	チェーホフ 小野理子訳
チェーホフ 妻への手紙 全二冊	湯浅芳子訳
ゴーリキー短篇集	上田進 横田瑞穂 訳編
どん底	ゴーリキイ 中村白葉訳
かくれんぼ・毒の園 他五篇	ソログープ 中山省三郎 昇曙夢 訳
アファナーシエフ ロシア民話集 全二冊	中村喜和編訳
われら	ザミャーチン 川端香男里訳
悪魔物語・運命の卵	ブルガーコフ 水野忠夫訳
巨匠とマルガリータ 全二冊	ブルガーコフ 水野忠夫訳

《哲学・教育・宗教》〔青〕

- ソクラテスの弁明・クリトン　プラトン／久保勉訳
- ゴルギアス　プラトン／加来彰俊訳
- 饗宴　プラトン／久保勉訳
- テアイテトス　プラトン／田中美知太郎訳
- パイドロス　プラトン／藤沢令夫訳
- メノン　プラトン／藤沢令夫訳
- 国家　全二冊　プラトン／藤沢令夫訳
- プロタゴラス　―ソフィストたち　プラトン／藤沢令夫訳
- パイドン　―魂の不死について　プラトン／岩田靖夫訳
- アナバシス　―敵中横断六〇〇〇キロ　クセノポン／松平千秋訳
- アリストテレス　ニコマコス倫理学　全二冊　高田三郎訳
- アリストテレス　形而上学　全二冊　出隆訳
- アリストテレス　弁論術　戸塚七郎訳
- アリストテレース詩学・ホラーティウス詩論　松本仁助・岡道男訳
- 物の本質について　ルクレーティウス／樋口勝彦訳
- エピクロス　―教説と手紙　出隆・岩崎允胤訳

- 生の短さについて　他二篇　セネカ／大西英文訳
- 怒りについて　他二篇　セネカ／兼利琢也訳
- エピクテトス　人生談義　全二冊　國方栄二訳
- マルクス・アウレーリウス　自省録　神谷美恵子訳
- 老年について　キケロー／中務哲郎訳
- 友情について　キケロー／中務哲郎訳
- 弁論家について　全二冊　キケロー／大西英文訳
- キケロー書簡集　高橋宏幸編
- エラスムス＝トマス・モア往復書簡　沓掛良彦・高田康成訳
- 方法序説　デカルト／谷川多佳子訳
- 哲学原理　デカルト／桂寿一訳
- 精神指導の規則　デカルト／野田又夫訳
- 情念論　デカルト／谷川多佳子訳
- パンセ　全三冊　パスカル／塩川徹也訳
- 知性改善論　スピノザ／畠中尚志訳
- スピノザ　エチカ（倫理学）　全二冊　畠中尚志訳
- モナドロジー　他二篇　ライプニッツ／谷川多佳子・岡部英男訳

- ハイラスとフィロナスの三つの対話　バークリ／戸田剛文訳
- 市民の国について　全二冊　ヒューム／小松茂夫訳
- 自然宗教をめぐる対話　ヒューム／犬塚元訳
- 人間機械論　ド・ラ・メトリ／杉捷夫訳
- エミール　全三冊　ルソー／今野一雄訳
- ルソー　告白　全三冊　桑原武夫訳
- 人間不平等起原論　ルソー／本田喜代治・平岡昇訳
- ルソー　社会契約論　桑原武夫・前川貞次郎訳
- 政治経済論　ルソー／河野健二訳
- 学問芸術論　ルソー／前川貞次郎訳
- 演劇について　―ダランベールへの手紙　ルソー／今野一雄訳
- 言語起源論　―旋律と音楽的模倣について　ルソー／増田真訳
- ディドロ、ダランベール編　百科全書　―序論および代表項目　桑原武夫訳編
- ディドロ　絵画について　佐々木健一訳
- 道徳形而上学原論　カント／篠田英雄訳
- 啓蒙とは何か　他四篇　カント／篠田英雄訳
- 純粋理性批判　全三冊　カント／篠田英雄訳

- カント 実践理性批判　波多野精一・宮本和吉・篠田英雄 訳
- 判断力批判 全二冊　カント　篠田英雄 訳
- 永遠平和のために　カント　宇都宮芳明 訳
- プロレゴメナ　カント　篠田英雄 訳
- 学者の使命・学者の本質　フィヒテ　宮崎洋三 訳
- シュライエルマッハー 独白　木場深定 訳
- 哲学史序論 —哲学と哲学史　ヘーゲル　武市健人 訳
- ヘーゲル 政治論文集 全二冊　金子武蔵 訳
- 歴史哲学講義 全二冊　ヘーゲル　長谷川宏 訳
- 法の哲学 —自然法と国家学の要綱　ヘーゲル　上妻精・佐藤康邦・山田忠彰 訳
- 自殺について 他四篇　ショウペンハウエル　斎藤信治 訳
- 読書について 他二篇　ショウペンハウエル　斎藤忍随 訳
- 知性について 他四篇　ショーペンハウエル　細谷貞雄 訳
- 将来の哲学の根本命題 他二篇　フォイエルバッハ　松村一人・和田楽 訳
- 不安の概念　キェルケゴール　斎藤信治 訳
- 死に至る病　キェルケゴール　斎藤信治 訳
- 体験と創作 全二冊　ディルタイ　柴田治三郎・小牧健夫 訳

- 眠られぬ夜のために 全二冊　ヒルティ　草間平作・大和邦太郎 訳
- 幸福論 全三冊　ヒルティ　草間平作・大和邦太郎 訳
- 悲劇の誕生　ニーチェ　秋山英夫 訳
- ツァラトゥストラはこう言った 全二冊　ニーチェ　氷上英廣 訳
- 道徳の系譜　ニーチェ　木場深定 訳
- 善悪の彼岸　ニーチェ　木場深定 訳
- この人を見よ　ニーチェ　手塚富雄 訳
- プラグマティズム　W・ジェイムズ　桝田啓三郎 訳
- 宗教的経験の諸相 全二冊　W・ジェイムズ　桝田啓三郎 訳
- 純粋経験の哲学　W・ジェイムズ　伊藤邦武 編訳
- 純粋現象学及現象学的哲学考案 全二冊　フッセル　池上鎌三 訳
- デカルト的省察　フッサール　浜渦辰二 訳
- 愛の断想・日々の断想　ジンメル　清水幾太郎 訳
- ジンメル宗教論集　深澤英隆 編訳
- 笑い　ベルクソン　林達夫 訳
- 道徳と宗教の二源泉　ベルクソン　平山高次 訳
- 物質と記憶　ベルクソン　熊野純彦 訳

- 時間と自由　ベルクソン　中村文郎 訳
- ラッセル教育論　安藤貞雄 訳
- ラッセル幸福論　安藤貞雄 訳
- 存在と時間 全四冊　ハイデガー　熊野純彦 訳
- 学校と社会　デューイ　宮原誠一 訳
- 民主主義と教育 全二冊　デューイ　松野安男 訳
- 歴史と自然科学・道徳の原理に就て・聖 『プレルーディエン』より　ヴィンデルバント　篠田英雄 訳
- 我と汝・対話　マルティン・ブーバー　植田重雄 訳
- アラン 幸福論　神谷幹夫 訳
- アラン 定義集　神谷幹夫 訳
- 天才の心理学　E・クレッチュマー　内村祐之 訳
- 英語発達小史　H・ブラッドリ　寺澤芳雄 訳
- 日本の弓術　オイゲン・ヘリゲル 述　柴田治三郎 訳
- 饒舌について 他五篇　プルタルコス　柳沼重剛 訳
- ことばのロマンス —英語の語源　ウィークリー　寺澤芳雄・出淵博 訳
- 人間 —シンボルを操るもの　カッシーラー　宮城音弥 訳
- 国家と神話 全二冊　カッシーラー　熊野純彦 訳

天才・悪 人間の頭脳活動の本質 他一篇　ブレンターノ 篠田英雄訳
プラトン入門　R.S.ブラック 内山勝利訳
反啓蒙思想 他二篇　バーリン 松本礼二編
マキアヴェッリの独創性 他三篇　バーリン 川出良枝編
論理哲学論考　ウィトゲンシュタイン 野矢茂樹訳
自由と社会的抑圧　シモーヌ・ヴェイユ 冨原眞弓訳
根をもつこと 全二冊　シモーヌ・ヴェイユ 冨原眞弓訳
重力と恩寵　シモーヌ・ヴェイユ 冨原眞弓訳
全体性と無限 全二冊　レヴィナス 熊野純彦訳
啓蒙の弁証法 —哲学的断想　M・ホルクハイマー T・W・アドルノ 徳永恂訳
ヘーゲルからニーチェへ 十九世紀思想における革命的断絶 全二冊　レーヴィット 三島憲一訳
統辞構造論 付『言語理論の論理構造』序論　チョムスキー 福井直樹 辻子美保子訳
統辞理論の諸相 方法論序説　チョムスキー 福井直樹 辻子美保子訳
言語変化という問題 —共時態、通時態、歴史　E・コセリウ 田中克彦訳
快楽について　ロレンツォ・ヴァッラ 近藤恒一訳
古代懐疑主義入門 判断保留の十の方式　J・アナス J・バーンズ 金山弥平訳

ニーチェ みずからの時代と闘う者　ルドルフ・シュタイナー 高橋巖訳
人間精神進歩史 全二冊　コンドルセ 渡辺誠訳
人間の教育 全二冊　フレーベル 荒井武訳
フレーベル自伝　長田新訳
旧約聖書 創世記　関根正雄訳
旧約聖書 出エジプト記　関根正雄訳
旧約聖書 ヨブ記　関根正雄訳
旧約聖書 詩篇　関根正雄訳
新約聖書 福音書　塚本虎二訳
文語訳 新約聖書 詩篇付
文語訳 旧約聖書 全四冊
キリストにならいて　トマス・ア・ケンピス 大沢章 呉茂一訳
聖アウグスティヌス 告白 全二冊　服部英次郎訳
アウグスティヌス 神の国 全五冊　服部英次郎 藤本雄三訳
新訳 キリスト者の自由・聖書への序言　マルティン・ルター 石原謙訳
シュヴァイツェル イエスの生涯 メシアと受難の秘密　シュヴァイツェル 波木居齊二訳
キリスト教と世界宗教　シュヴァイツェル 鈴木俊郎訳

水と原生林のはざまで　シュヴァイツェル 野村実訳
コーラン 全三冊　井筒俊彦訳
エックハルト説教集　田島照久編訳
ムハンマドのことば ハディース　小杉泰編訳
新約聖書外典 ナグ・ハマディ文書抄　荒井献 大貫隆 小林稔 筒井賢治 編訳
後期資本主義における正統化の問題　ハーバーマス 山田正行・金慧訳
シンボルの哲学 —理性、祭礼、芸術のシンボル試論　S・K・ランガー 塚本明子訳
ジャック・ラカン 精神分析の四基本概念 全二冊　ジャック=アラン・ミレール編 小出浩之 新宮一成 鈴木國文 小川豊昭訳
精神と自然 生きた世界の認識論　グレゴリー・ベイトソン 佐藤良明訳

《歴史・地理》〔青〕

- 新訂 魏志倭人伝・後漢書倭伝・宋書倭国伝・隋書倭国伝 —中国正史日本伝1　石原道博編訳
- ヘロドトス 歴史 全三冊　松平千秋訳
- トゥーキュディデース 戦史 全三冊　久保正彰訳
- ガリア戦記　カエサル　近山金次訳
- タキトゥス ゲルマーニア　泉井久之助訳註
- タキトゥス 年代記 —ティベリウス帝からネロ帝へ 全二冊　国原吉之助訳
- ランケ 世界史概観 —近世史の諸時代　鈴木成高・相原信作訳
- ランケ自伝　林健太郎訳
- 歴史とは何ぞや　ベルンハイム　坂口昂・小野鉄二訳
- 歴史における個人の役割　プレハーノフ　木原正雄訳
- 古代への情熱 —シュリーマン自伝　シュリーマン　村田数之亮訳
- 大君の都 —幕末日本滞在記 全三冊　オールコック　山口光朔訳
- アーネスト・サトウ 一外交官の見た明治維新 全二冊　坂田精一訳
- ベルツの日記 全二冊　トク・ベルツ編　菅沼竜太郎訳
- 武家の女性　山川菊栄
- インディアスの破壊についての簡潔な報告　ラス・カサス　染田秀藤訳
- ラス・カサス インディアス史 全七冊　長南実訳　石原保徳編
- コロンブス 全航海の報告　林屋永吉訳
- 戊辰物語　東京日日新聞社会部編
- 大森貝塚 —付 関連史料　E・S・モース　近藤義郎・佐原真編訳
- ナポレオン言行録　オクターヴ・オブリ編　大塚幸男訳
- 中世的世界の形成　石母田正
- 日本の古代国家　石母田正
- クリオの顔 歴史随想集　E・H・ノーマン　大窪愿二編訳
- 日本における近代国家の成立　E・H・ノーマン　大窪愿二訳
- 旧事諮問録 —江戸幕府役人の証言 全二冊　旧事諮問会編　進士慶幹校注
- 朝鮮・琉球航海記 —一八一六年アマースト使節団とともに　ベイジル・ホール　春名徹訳
- ローマ皇帝伝 全二冊　スエトニウス　国原吉之助訳
- アリランの歌 —ある朝鮮人革命家の生涯　ニム・ウェールズ　キム・サン　松平いを子訳
- ヒュースケン 日本日記 —1855〜61　青木枝朗訳
- さまよえる湖 全二冊　ヘディン　福田宏年訳
- 老松堂日本行録 —朝鮮使節の見た中世日本　宋希環　村井章介校注
- 十八世紀パリ生活誌 —タブロー・ド・パリ 全二冊　メルシエ　原宏編訳
- 北槎聞略 —大黒屋光太夫ロシア漂流記　桂川甫周　亀井高孝校訂
- ヨーロッパ文化と日本文化　ルイス・フロイス　岡田章雄訳注
- ギリシア案内記 全二冊　パウサニアス　馬場恵二訳
- 西遊草　清河八郎　小山松勝一郎校注
- オデュッセウスの世界　フィンリー　下田立行訳
- 東京に暮す —一九二八〜一九三六　キャサリン・サンソム　大久保美春訳
- ミカド —日本の内なる力　W・E・グリフィス　亀井俊介訳
- 増補 幕末百話　篠田鉱造
- 明治百話 全二冊　篠田鉱造
- 幕末明治 女百話 全二冊　篠田鉱造
- トゥバ紀行　メンヒェン＝ヘルフェン　田中克彦訳
- 徳川時代の宗教　R・N・ベラー　池田昭訳
- ある出稼石工の回想　マルタン・ナド　喜安朗訳
- 植物巡礼 —プラント・ハンターの回想　F・キングドン－ウォード　塚谷裕一訳
- モンゴルの歴史と文化　ハイシッヒ　田中克彦訳
- ローマ建国史 全三冊（既刊上巻）　リーウィウス　鈴木一州訳
- 元治夢物語 —幕末同時代史　馬場文英　徳田武校注

岩波文庫の最新刊

三木 清著
構想力の論理 第一
パトスとロゴスの統一を試みるも未完に終わった、三木清の主著。〈第一〉には、「神話」「制度」「技術」を収録。注解＝藤田正勝。(全二冊)
〔青一四九-二〕 定価一〇七八円

ジュリアン・グリーン作／石井洋二郎訳
モ イ ラ
極度に潔癖で信仰深い赤毛の美少年ジョゼフが、運命の少女モイラに魅入られ……。一九二〇年のヴァージニアを舞台に、端正な文章で綴られたグリーンの代表作。
〔赤N五二〇-一〕 定価一二七六円

バジョット著／遠山隆淑訳
イギリス国制論(下)
イギリスの議会政治の動きを分析した古典的名著。下巻では、政権交代や議院内閣制の成立条件について考察を進めていく。第二版の序文を収録。(全二冊)
〔白一二二-三〕 定価一一五五円

大泉黒石著
俺の自叙伝
ロシア人を父に持ち、虚言の作家と貶められた大正期のコスモポリタン作家、大泉黒石。その生誕からデビューまでの数奇な半生を綴った代表作。解説＝四方田犬彦。
〔緑二二九-一〕 定価一一五五円

……今月の重版再開……

川合康三選訳
李商隠詩選
〔赤四二-一〕 定価一一〇〇円

鈴木範久編
新渡戸稲造論集
〔青一一八-二〕 定価一一五五円

定価は消費税10％込です　2023. 5

岩波文庫の最新刊

グレゴリー・ベイトソン著／佐藤良明訳

精神の生態学へ（中）

コミュニケーションの諸形式を分析し、精神病理を「個人の心」から解き放つ。中巻は学習理論・精神医学篇。ダブルバインドの概念、アルコール依存症の解明など。（全三冊）〔青N六〇四-三〕 定価一二一〇円

イーディス・ウォートン作／河島弘美訳

無垢の時代

二人の女性の間で揺れ惑う青年の姿を通して、時代の変化にさらされる〈オールド・ニューヨーク〉の社会を鮮やかに描く。ピューリッツァー賞受賞作。〔赤三四五-一〕 定価一五〇七円

バジョット著／宇野弘蔵訳

ロンバード街
―ロンドンの金融市場―

一九世紀ロンドンの金融市場を観察し、危機発生のメカニズムや「最後の貸し手」としての中央銀行の役割について論じた画期的著作。改版。（解説＝翁邦雄）〔白一二二-一〕 定価一三五三円

道籏泰三編

中上健次短篇集

中上健次（一九四六―一九九二）は、怒り、哀しみ、優しさに溢れた人間のあり方を短篇小説で描いた。『十九歳の地図』『ラプラタ綺譚』等、十篇を精選。〔緑二三〇-一〕 定価一〇〇一円

……今月の重版再開……

井原西鶴作／横山重校訂

好色一代男

定価九三五円〔黄二〇四-一〕

ヴェブレン著／小原敬士訳

有閑階級の理論

定価一二一〇円〔白二〇八-一〕

定価は消費税10％込です　2023.6